UN DÍA NUEVO

JON SECADA
UN DÍA NUEVO

A CELEBRA BOOK

Celebra
Publicado por Penguin Group
Penguin Group (USA) LLC, 375 Hudson Street,
Nueva York, Nueva York 10014

Estados Unidos I Canadá I Reino Unido I Irlanda I Australia I Nueva Zelanda I India I
Sudáfrica I China
penguin.com
Una empresa de Penguin Random House

Publicado por primera vez por Celebra,
una división de Penguin Group (USA) LLC

Primera impresión, octubre de 2014

CELEBRA SPANISH-EDITION ISBN: 978-0-451-46938-0

THE LIBRARY OF CONGRESS HAS CATALOGED THE ENGLISH-LANGUAGE EDITION
OF THIS TITLE AS FOLLOWS:
Secada, Jon.
A New day/Jon Secada.
p. cm.
ISBN 978-0-451-46936-6
1. Secada, Jon. 2. Singers—United States—Biography. I. Title.
ML420.S443A3 2014
782.42164092—dc23 2014015321
[B]

Impreso en los Estados Unidos de América
1 3 5 7 9 10 8 6 4 2

Set in Palatino
Diseñado por Spring Hoteling

NOTA DEL EDITOR

Penguin está comprometido con la publicación de obras de calidad e integridad. En ese
espíritu, estamos orgullosos de ofrecer este libro a nuestros lectores; sin embargo, la historia,
las experiencias y las palabras son solo del autor.

Este libro está dedicado a Jose y Victoria Secada.
Soy el producto de sus espíritus.

ÍNDICE

Índice

Índice

UN DÍA NUEVO

INTRODUCCIÓN

"La felicidad nunca es completa o permanente. Puedes trabajar con lo que tienes en lo más profundo de ti para hacer que tus problemas sean tan poco importantes como sea posible y así poder seguir adelante. Tan solo siéntete bien con quién eres espiritualmente".

Mi padre me dio ese consejo durante una etapa particularmente turbulenta de mi vida. Había llegado muy lejos en mi carrera y ganado mi primer premio Grammy, pero mi primer matrimonio se iba al garete. Ya no sabía quién era yo realmente. Sin embargo, mi padre insistía en recordarme que debía seguir intentándolo y seguir adelante, incluso sabiendo que siempre habrá momentos de duda e incertidumbre.

Como refugiados cubanos, mis padres me inculcaron este pensamiento desde el principio. Habíamos empezado de la nada, aferrados a la feroz determinación de que nuestras vidas sólo podrían mejorar. Sobrevivir significaba abrazar el cambio con confianza inquebrantable, reinventándose constantemente, y teniendo la resistencia para volver a ponerse de pie y seguir adelante cuando la vida daba giros inesperados.

Mi historia es cualquier cosa menos fácil. Está llena de obstáculos, resbalones, inmersiones y fracasos... así como éxitos. Es una historia sobre aprovechar las oportunidades que se te presentan y sacar lo mejor de ellas, aun sabiendo que la decepción, el fracaso y la tragedia también son parte normal de la vida. Las lecciones de este libro son las que he aprendido de las experiencias que me desgarraron, me elevaron y me llevaron de regreso al principio.

Es cierto que la felicidad nunca está garantizada, uno siempre enfrentará retos que ponen a prueba su voluntad. La fuerza radica en encontrar de qué estás hecho, a través de las dificultades y tus propios miedos y debilidades. La sabiduría proviene de crecer a partir de esas adversidades. Y la resiliencia se construye cada momento de cada día con fe constante en un día nuevo.

PARTE I

De La Habana a Miami por el camino largo

CAPÍTULO UNO
Enfrenta a tus matones

Mi corazón palpitaba y tenía la boca seca; mis pasos resonaban en los adoquines de la estrecha calle que recorría mi barrio en La Habana Vieja, Cuba. Estaba a punto de entrar en la guarida de un león. Mis verdugos estarían esperándome al acecho, como lo hacían todos los días después de la escuela, listos para saltar sobre mí. Me insultaban, me perseguían y amenazaban con darme una paliza.

Yo tenía tan sólo ocho años y era pequeño, tímido y regordete. Más que nada, quería huir y esconderme. Esa había sido siempre mi táctica de supervivencia.

Pero ahora mi padre, recién salido de la cárcel, me obligaba a enfrentar a mis enemigos.

—No voy a permitir que huyas de esto —me había advertido cuando abandonamos el apartamento—. No vas a ser intimidado. Vas a enfrentar a esos niños, pase lo que pase. No voy a dejar que vivas muerto de miedo.

¡Fácil para él decirlo! Mi padre, Jose Miguel Secada, era un tipo encantador; un trabajador y guapo buscavidas, en el mejor sentido de la palabra. Parecía no temer a nada.

Papá tan sólo había estudiado hasta octavo grado, pero estaba siempre dispuesto a encontrar oportunidades y aprovecharlas. Había crecido en una familia grande en Santa Clara, un pueblo en la mitad de Cuba, y era un excelente cantante, como todos en su musical familia. Una de sus hermanas, Moraima Secada, llegó a convertirse en una artista internacional extremadamente popular. Conocida mundialmente como "La Mora", formó parte de la primera orquesta femenina de *América Anacaona*.

Mi padre también podría haber sido cantante profesional. Tenía la voz y el carisma para serlo. Pero tenía un espíritu emprendedor. Estaba especialmente orgulloso de su propio padre, que era dueño de un negocio de pastelería. Mi padre trabajó con su padre y me bautizó Juan en honor a él.

Luego mi abuelo murió, el negocio de la pastelería se fue a pique y mi padre se vio obligado a abandonar Santa Clara para encontrar trabajo. Llegó a La Habana con su madre, quien murió en sus brazos de una enfermedad repentina, dejando a mi padre huérfano en la ciudad.

Papá eventualmente trabajó hasta llegar a ser dueño de un bar de ostras, un pequeño puesto en una esquina de La Habana, y vio la oportunidad de ampliarlo. Sin embargo, se sentía frustrado por las restricciones impuestas por Fidel Castro cuando asumió el poder en 1959 a los negocios independientes. Fastidiado por las limitaciones a sus ambiciones, mi padre vio sus sueños desvanecerse a medida que el régimen de Castro acababa con las oportunidades de los empresarios en nombre del comunismo.

Finalmente, mi padre decidió abandonar Cuba. Emigraría y enviaría por mi madre y por mí cuando su situación financiera lo permitiera. Pero su intento de fuga en un barco de pesca para perseguir sus sueños fracasó cuando las autoridades lo atraparon en alta mar.

En aquella época, emigrar de Cuba sin permiso del gobierno era considerado un acto ilegal. Las familias que querían salir de Cuba tenían que solicitar documentos y aun así el gobierno esperaba que la cabeza de la familia primero "le retribuyera" al partido comunista. En consecuencia, mi padre fue encarcelado y llevado a un campo de trabajo hasta que se aprobó el papeleo para que nosotros saliéramos del país. Estuvo en prisión prácticamente desde que yo era un bebé hasta que cumplí siete años, dejándonos que mi madre y yo nos defendiéramos solos.

Mi madre, Victoria, tenía una personalidad extrovertida y encantadora; también era terca. Como mi padre, había llegado a La Habana procedente de la Provincia de Oriente en el extremo oriental de Cuba para buscar una mejor vida. Era una mujer bella, mulata debido a que su abuela cubana se enamoró de un barbero de la Armada Española. Su padre también era hombre de negocios, pero murió joven en un accidente de natación. Después de que su madre murió muy joven de un cáncer, mi madre vivió con su abuela hasta los quince años. En ese momento su abuela también murió y ella, como mi padre, quedó huérfana y tuvo que abrirse su propio camino en el mundo.

Y así mis padres —de voluntad fuerte, guapos y huérfanos ferozmente independientes— se conocieron, se enamoraron y me tuvieron a mí. Mi padre tenía otra familia —una ex esposa, y un hijo y una hija entrando en la adolescencia— pero yo era el único hijo de mi madre y, por ello, el único propósito en su vida era hacer de mi vida la mejor posible. Mi padre veía su trabajo como nuestra fuente de sustento, sin importar lo que costara.

Mientras esperábamos la autorización para abandonar el país, vivíamos precariamente en un pequeño apartamento cerca al Paseo del Prado, el sombrío bulevar de una milla de largo en el centro de La Habana que se remonta al siglo XVIII. Dado que mi padre estaba encarcelado, era prácticamente un desconocido para mí. Pero mi madre y yo pasábamos mucho tiempo juntos. Yo montaba en bicicleta en el parque El Prado o iba al cine. También pasábamos mucho tiempo en El Malecón, la explanada construida para proteger a La Habana de las olas y que se convirtió en el paraíso de los pobres, un lugar favorito para pasear o pescar. Cuando salió de la prisión, mi padre intentó enseñarme a nadar allí en algunas de las pequeñas piscinas naturales creadas por las rocas pero, sin importar cuántas veces me tirara al agua, nunca aprendí a flotar. Sigo siendo un pésimo nadador.

También en otros sentidos yo era un paria y en parte por eso me atormentaba los matones. Asistía a una escuela cerca de nuestro apartamento y mi madre intentaba protegerme todo lo posible de cualquier lavado de cerebro de la propaganda del gobierno comunista, que se había infiltrado en las escuelas. Era pequeño pero gordo para mi edad, reticente a hablar en clase y terrible en los deportes. Aunque algunos de nuestros amigos apoyaban nuestro deseo de huir de Cuba, los comités de barrio monitoreaban a las familias que no se adherían a las creencias comunistas y hacían todo lo posible para hacerlas sentir temerosas y alienadas por no estar de acuerdo con el régimen de Castro.

En clase, por ejemplo, mi profesora llamó a mi madre un día a un lado y le dijo:

—Su hijo es el único que no forma parte de *Los pioneros* —el grupo juvenil establecido por Castro. La profesora le explicó que esto me hacía diferente y me dificultaba hacer amigos—. ¿Qué le parece si le pongo el emblema de *Los pioneros* y la bufanda para guardar las apariencias y que Juan no sobresalga tanto? Luego, cuando el grupo termine con las actividades, le quitaré la bufanda. ¿Estaría de acuerdo?

Mi madre estaba indecisa pero, por mi bien, aceptó a regañadientes. Sin embargo, aunque eso tal vez me facilitó un poco las cosas en clase, no me sirvió de nada en el vecindario. Vivíamos en uno de los edificios más agradables en el centro de la ciudad, pero era un barrio difícil. Muchos de los niños mayores y más grandes me veían como un forastero, no sólo porque era un tímido y regordete niño de mami, sino también porque mi padre se había declarado abiertamente en contra del gobierno. La ambición no tenía lugar en la Cuba de Castro.

Así que ahora ahí estaba yo, caminando deliberadamente hacia mis enemigos, incapaz de arrancar a correr porque tenía más miedo a disgustar a mi padre que a los matones del barrio. Papá caminó conmigo por la calle hasta que nos acercamos al lugar donde los matones normalmente se juntaban. Luego desapareció en un callejón.

—Voy a estar lo suficientemente cerca para intervenir —me prometió—, pero tienes que lidiar con esto tú mismo.

Antes de alejarse, me dio un palo. Un palo y un guión: cuando los niños me enfrentaran y lanzaran sus amenazas habituales, tales como "¿Adónde vas? ¡No puedes pasar!", se suponía que debía responder: "Pues sí puedo, porque te voy a dar una paliza".

No me imaginaba haciéndolo. Yo era un soñador, no un luchador. Pero me preparé para el ataque y seguí poniendo un pie delante del otro para ganar el respeto de mi padre.

Lentamente giré en la siguiente esquina. Efectivamente, allí estaban. Los niños grandes se lanzaron en mi dirección, gritando "¡Oye, no puedes pasar!".

Sorprendentemente, algo sucedió en mi interior. Fue como si mi padre me hubiera dado una repentina infusión de su valentía. Me volví loco, completamente loco, y corrí hacia ellos con el palo en la mano y gritando de furia y miedo.

—¡Sí puedo! —grité—. ¡Tengo algo en mi mano y lo voy a usar para asegurarme de que me dejen pasar!

Temblaba de miedo pero, por supuesto, eso me hacía parecer aún más loco. Mis verdugos dieron marcha atrás y nunca más me molestaron.

Mi padre había ahorrado algo de dinero antes de ir a prisión y poco después de ese incidente finalmente pudimos comprar nuestros documentos y pasajes aéreos para salir de Cuba. En los años setenta, sólo algunos países aceptaban refugiados cubanos. Mi padre quería emigrar a Estados Unidos, pero solo se podía emigrar allí si tenías familiares que te patrocinaran, así que fuimos a España.

El día en que recibimos nuestros documentos, fuimos a recoger a papá al campo de trabajo mientras el comité del barrio y los funcionarios gubernamentales confiscaban todo lo que teníamos en nuestro apartamento. Incluso se llevaron nuestro "libro de comidas", donde mi madre había registrado minuciosamente todos los alimentos que comprábamos debido a que los comestibles eran fuertemente racionados en Cuba.

Las dos primeras veces que fuimos al aeropuerto con nuestro equipaje, nos devolvieron —el gobierno parecía disfrutar haciéndole bromas a los emigrantes— y nos vimos obligados a pasar la noche con amigos en La Habana, porque los funcionarios ya habían cerrado nuestro apartamento y sacado todo lo que poseíamos. Estábamos sin techo, desesperados por salir, pero a merced de los caprichos burocráticos.

Nos devolvieron del aeropuerto dos veces más. Cuando finalmente nos dijeron que nuestro avión partiría, regresamos una tercera vez y abordamos el avión a Madrid.

Estaba triste y asustado de abandonar el único mundo que conocía. Pero, cuando mis padres me llevaron hasta la rampa de embarque del avión, también sentí un pequeño aleteo de emoción. Mi madre y mi padre deben haber experimentado una gran agitación emocional durante el terrible proceso de renunciar a todo lo que tenían a cambio de la libertad, pero se propusieron actuar y hablar normalmente conmigo, envolviéndome en una red de seguridad familiar para protegerme de la enormidad de su propia confusión. Actuaron de forma tan realista y equilibrada cuando nos dirigíamos hacia lo desconocido que un observador que desconociera lo que estaba pasando podría haber pensado que íbamos de vacaciones.

Sin embargo, yo sabía lo que realmente sucedía. Tomé asiento en el avión y presioné mi cara contra la ventana, viendo a Cuba retroceder mientras despegábamos, sabiendo que había pasado una página en el libro de mi vida. Sabía que este era el final de mi vida en esa isla. Nunca regresaríamos. Ese pensamiento me hizo sentir un hueco en la boca del estómago, pero tenía edad suficiente para entender que era nuestra única opción si no queríamos vivir bajo el dominio de Castro.

Al dejar Cuba, aprendí mi primera lección clave en la vida: enfrentar a los matones. Sean los matones niños o un gobierno entero, la única elección correcta es luchar y hacerle saber que eres tu propia persona y estás listo para enfrentar incluso el más aterrador e incierto futuro.

CAPÍTULO DOS
Establece el trampolín para el éxito

É ramos nómadas sin hogar. Recuerdo perfectamente estar con mis padres en el aeropuerto esperando que alguien nos dijera qué hacer o a dónde ir, sintiéndome un poco enfermo de ansiedad.

Por supuesto, no estábamos solos en el aeropuerto de Madrid. Entre 1959 y 1993, aproximadamente un millón doscientos mil cubanos abandonaron la isla. Mi familia abandonó el país en 1970, en la cresta de esa ola de emigración. Eran tantos los cubanos que emigraban a España que parecían ganado, con manadas de cubanos aterrizando en Madrid. Tan pronto uno llegaba, la familia recibía 5.000 pesetas del gobierno español para ayudarle a sobrevivir... eso era todo. Estabas solo.

De repente, alguien en la multitud del aeropuerto reconoció a mi padre. Ese hombre había conocido a mi padre en Cuba y ahora vivía en Madrid.

—¿Qué haces aquí? —exclamó cuando nos vio deambulando con los demás.

—Pues, estamos aquí porque estamos aquí —respondió mi padre—. Salimos de Cuba. Pero ahora no sabemos qué hacer o a dónde ir.

Nuestro conocido nos dio la dirección de una pensión y le dijo a mi padre:

—Echa un vistazo a este lugar. Es lo suficientemente barato, así que creo que todo el dinero que tienes en tu mano ahora cubrirá tus gastos mientras te acomodas.

La pensión estaba ubicada en la parte antigua de Madrid. Mi familia no podía permitirse nada mejor que una pequeña y destartalada habitación sencilla. No había baño privado, sólo uno comunal para toda la planta. Sin embargo, rápidamente quedó claro que vivir en España representaba tal lujo, que fue casi una experiencia de renacimiento para todos nosotros.

La libertad de no tener a nadie que nos dijera qué hacer, pensar o comer, y la felicidad de tener tantos y tan diferentes alimentos a disposición fueron evidentes ya en el viaje en taxi desde el aeropuerto. Mirando por la ventana del taxi, vi puestos de fruta llenos de bananos y naranjas y limones. ¡Incluso había supermercados gigantescos y muy iluminados! Me sentí abrumado de emoción al ver tantas opciones.

Cuando llegamos a la pensión y descendí del taxi, vi una tienda de caramelos. ¡Jamás había visto tanto chocolate! Le pregunté a mi padre si podíamos comer algunos y ambos comimos tanto chocolate ese día que después estuvimos con náuseas.

No tardé en sentirme como en casa en nuestro barrio. En muchos aspectos me recordaba a La Habana, con sus estrechas calles empedradas y floridos herrajes en las ventanas y balcones. Aunque extrañaba los colores pastel de Cuba y el aire tropical, quedé estupefacto por las grandes proporciones de los edificios más nuevos de Madrid y por el vibrante ritmo de vida de una ciudad tan próspera. Había edificios altos, y fuentes, y personas luciendo ropas alegres y yendo de un lado a otro. ¡Había incluso coches nuevos!

Pero, a pesar de toda esa abundancia, mis padres seguían siendo inmigrantes con poca educación, poco dinero y sin conexiones. Tuvieron que luchar para encontrar trabajo en España. Mi madre encontró algunos trabajos de limpieza. Cada día después de la escuela, caminaba hasta donde ella estaba limpiando y esperaba a que terminara su trabajo para volver juntos a nuestra habitación. Mi padre no pudo encontrar nada en Madrid. Desesperado, pronto dejó Madrid y fue a las Islas Canarias a trabajar en un hotel como cocinero; una habilidad que había aprendido en la cárcel.

Así comenzó otro período de dolorosa separación para mi familia, pues mi padre iba y venía de su trabajo en las Islas Canarias y mi madre y yo permanecíamos solos en Madrid. Por suerte, nos hicimos amigos de la maravillosa familia de la portera, la mujer que administraba la pensión. María, su esposo Ramón y el resto de sus familiares y amigos nos dieron la comodidad y calidez que necesitábamos para sentirnos como en casa.

Mis padres lucharon para enviarme a una escuela católica privada, donde sobresalí y me sentí aceptado. Mi madre y yo también íbamos al comedor central creado por el gobierno español para que los refugiados cubanos no pasáramos hambre, y allí conocimos a otros cubanos y nos regocijamos por el acento común y las historias de nuestra tierra.

Dado que yo era afro-cubano y mi piel más oscura que la de muchos en Madrid, resulté ser una criatura fascinante para los niños españoles, especialmente cuando escuchaban mi acento cubano. Querían saber todo sobre Cuba y yo apreciaba sus preguntas amistosas. Me sentía seguro deambulando por los nuevos vecindarios, como una especie de explorador descubriendo una Europa grande e histórica.

Sin embargo, no crecía mucho y tampoco adelgazaba. Seguía siendo bajito y aún más gordo que antes. Siempre había deseado ser jugador de beisbol pero, dado que no tenía la constitución ni el talento para los deportes, comencé a explorar mi amor por la música. En mi primera infancia había estado rodeado por los ritmos afro-cubanos y debí absorber la musicalidad de la familia de mi padre. Pero como casi todo lo que uno escuchaba en las emisoras cubanas estaba controlado por el gobierno, la música que había escuchado hasta entonces era bastante limitada. En España comencé a descubrir la música pop en un momento en que muchos vocalistas españoles estaban surgiendo en la escena musical contemporánea.

Ese fue el origen de mi curiosidad musical: escuchar la radio y oír canciones y voces que le hablaban a mi corazón y a mi espíritu. En particular, llegué a amar a Nino Bravo, Raphael y Camilo Sesto. Siempre que tenía la oportunidad de encerrarme a solas con la radio en nuestra habitación, cerraba la puerta y cantaba música pop.

Nunca nadie me escuchó cantar, así que nadie tenía idea de que estaba comenzando mi educación musical... ni siquiera yo mismo.

Tras dieciocho meses en España, mi padre estaba frustrado por su incapacidad para conseguir suficiente trabajo para vivir dignamente. Seguíamos sin conocer a nadie que patrocinara nuestro traslado a Estados Unidos, así que él empezó a escribir cartas a las embajadas de todos los países del mundo que aceptaban refugiados cubanos.

Estuvimos a punto de ir a Australia, donde había un programa gubernamental de acogida de inmigrantes que proveía empleo, vivienda e, incluso, educación. Una semana antes de la fecha prevista para el viaje, recibimos una inesperada respuesta a una de las muchas cartas escritas por mi padre: el presidente de Costa Rica le había concedido una visa.

Mi padre, que confiaba en sus habilidades lo suficiente para mostrarse confiado sin importar el riesgo que estuviera asumiendo, no dejó pasar la oportunidad.

—Si consigo la residencia en Costa Rica, podré pedirlos a ustedes y se reunirán conmigo —nos dijo lleno de entusiasmo.

Así que, una vez más, mi madre y yo nos separamos de mi padre. Esa época de transición fue difícil porque mi madre tuvo que hacer trabajos extras para mantenernos. Permanecimos en Madrid los seis meses siguientes y mi padre viajó solo a Costa Rica e hizo lo que mejor hacía: rebuscar trabajo. Consiguió trabajo de cocinero en San José y allí conoció a un hombre de negocios cubano que estaba dispuesto a invertir en un restaurante con él.

Cuando al fin abandonamos España para reunirnos con papá, yo ya había cumplido diez años. Seguía siendo introvertido y tímido, pero en España había hecho buenos amigos. Había sido feliz en Madrid y ahora sentía una punzada de pena al despedirnos de la ciudad que nos había acogido. Sabía que teníamos que irnos pero, al mismo tiempo, deseé con toda mi alma que mi familia hubiese podido acomodarse en España. Me daba pavor volver a comenzar. Lo único que me consolaba es que la familia volvería a estar junta.

Nuestra suerte cambió poco después de reunirnos con papá en Costa Rica, gracias a su duro trabajo: estaba listo para confiar nuevamente en sus habilidades y separarse de su socio, ir a un banco y solicitar un préstamo. Había descubierto un pequeño restaurante en una calle adoquinada en San Pedro, un barrio en las afueras de San José y cerca a la Universidad de Costa Rica. Entre mis padres podrían convertir ese modesto espacio en una cafetería. Finalmente, podría hacer realidad su sueño de ser un hombre de negocios independiente.

Todos tendríamos que echar una mano. Desde luego, yo asistía a la escuela en Costa Rica, pero pasaba cada hora libre ayudándoles a mis padres en el restaurante, atendiendo mesas o encargándome de la caja tan pronto terminaba mis deberes. Trabajábamos largas jornadas. Y, al día siguiente, nos levantábamos y trabajábamos otra larga jornada. No tenía tiempo para amigos.

No miento cuando digo que no me molestaba esa vida unidimensional. Incluso entonces, a los once años, era consciente de la tremenda proeza que representaba el hecho de que mi padre hubiera abierto ese pequeño restaurante. Además, ya había absorbido de mis padres la ética de trabajo que me llevaba a compartir su deseo de tener éxito. Me sentí tan orgulloso y feliz como ellos cuando pudimos trasladarnos de nuestro diminuto apartamento al lado del restaurante a una pequeña casa en la misma manzana. Sentí que había contribuido a que sucediera.

Mis padres ocasionalmente hablaban con cariño de sus infancias en Cuba y expresaban el anhelo de ver sus pueblos o a las personas que habían dejado atrás, pero nunca expresaron remordimientos por haber abandonado la isla. Estaban completamente desconectados de lo que era Cuba bajo el régimen de Castro. Para mí, salir de la isla había sido como pasar una página en un libro pero, para ellos, fue como cerrar el libro y colocarlo en un estante. Estaban en el exilio y lo consideraban una situación permanente. Estaban resueltos a mirar adelante y buscar una vida mejor.

La única excepción a esto fue cuando mi padre recibió una carta informándole que Francisco, su hijo de un matrimonio anterior que sufría de diabetes, había muerto repentinamente debido a complicaciones quirúrgicas. Ojalá hubiera tenido la oportunidad de conocer a Francisco pero, antes de salir de Cuba, era demasiado joven para establecer una relación con mis medio hermanos. La muerte de Francisco no me golpeó, pero para mi padre fue un evento devastador.

Mi medio hermano lo había apoyado mucho. Francisco incluso le había escrito una carta a mi padre, diciendo: "Entiendo por qué haces esto. Debes seguir a tu corazón". Tal vez eso hizo aún más difícil para mi padre recibir la carta sobre la muerte de su hijo. Fue la primera vez que vi a papá descomponerse y verlo así me hizo darme cuenta una vez más de a cuánto habían renunciado mis padres para salir de Cuba y reconstruir sus vidas, y la mía.

Por supuesto, trabajar juntos desde el amanecer hasta el anochecer, además de vivir en espacios pequeños después de pasar tanto tiempo separados, llevó a mis padres a pelear. Ambos eran personas apasionadas y siempre habían discutido, pero ahora las peleas eran casi constantes y a menudo frenéticas. Sus discusiones eran en su mayoría por trabajo o dinero, pero algunas veces eran desencadenadas por los celos de mi madre por las atenciones de mi padre a otras mujeres.

Mis padres no tenían más opción que pelear frente a mí. Nuestro apartamento era demasiado pequeño para que hubiera privacidad. Yo me retiraba a un rincón tranquilo e intentaba mantenerme al margen. Los enfrentamientos eran ruidosos y emocionales, y de vez en cuando mi padre se iba.

Pero, sin importar la gravedad de la pelea, siempre volvía y a la mañana siguiente abríamos la cafetería como de costumbre y volvíamos al trabajo. A pesar de sus diferencias, mis padres hacían lo que fuera necesario para mantener en pie su negocio y eran muy disciplinados en la búsqueda de su objetivo común de lograr la independencia financiera. Creo que también todos nosotros reconocíamos que éramos una isla diminuta, nuestra pequeña familia de tres. Era importante mantenernos juntos.

A pesar de las peleas, había cosas buenas de estar en Costa Rica. Me gustaba la escuela y empecé a hacer algunos amigos en el patio, aunque no tenía tiempo para verlos. Además, la cafetería se encontraba cerca de la Universidad de Costa Rica, en un barrio lleno de escuelas secundarias. Con tantos adolescentes yendo y viniendo, nunca había un momento de aburrimiento. Nuestro pequeño y modesto restaurante, donde mi padre servía cocina casera cubana y costarricense, tenía un éxito tremendo. El lugar siempre estaba lleno.

Como vivíamos y trabajamos cerca de la universidad, mis padres estaban cada vez más sintonizados con la importancia de la educación. Veíamos a muchos estudiantes en nuestro mini-restaurante y uno de ellos, Manuel Costa, se convirtió en un buen amigo. Manuel era un cubano que vivía en Miami pero había llegado a Costa Rica a estudiar odontología. Yo siempre fui un buen estudiante —lo consideraba mi responsabilidad para con mi familia— y mis padres comenzaron a hablarme sobre lo podría llegar a hacer como profesional con una educación universitaria. Incluso sugirieron que podría convertirme en dentista como Manuel.

A pesar de nuestro relativo éxito en Costa Rica, mis padres seguían viendo a Estados Unidos como nuestro destino final. Estados Unidos representaba el Santo Grial de la libertad, la educación, las oportunidades y la felicidad. Sabía que sólo sería cuestión de tiempo antes de que se las arreglaran para poner un pie en suelo estadounidense.

Cuando pienso en lo valientes que fueron mis padres para sacar adelante el plan de salir de Cuba y llegar primero a España, luego a Costa Rica, donde lucharon para ahorrar suficiente dinero para trasladarse a Estados Unidos, me sorprende su fuerza de voluntad y determinación. Mi padre, sobre todo, me mostró cómo puedes imaginar un futuro para ti mismo, colocarlo en un trampolín y utilizarlo para hacer actos de fe que convertirán ese sueño en tu destino.

CAPÍTULO TRES
Aprovecha cada oportunidad

Después de dieciocho meses en Costa Rica, mi padre vendió la cafetería. Eso nos dio la libertad financiera para comprar pasajes a Estados Unidos. Una vez más, yo tendría que empezar en una nueva escuela llena de extraños y esta vez ni siquiera hablaba su idioma.

A principios de la década de 1970, los refugiados cubanos que desembarcaban en suelo estadounidense podían pedir asilo político aunque ya fueran residentes de otro país. Todavía teníamos nuestros pasaportes cubanos, así que viajamos como turistas. Sin embargo, esto no era un experimento, un ensayo ni unas vacaciones. Una vez más, mi padre había visualizado nuestro futuro y, con gran confianza y determinación, había trabajado duro para convertir esa visión en una realidad. Vendimos casi todas nuestras pertenencias, empacamos lo poco que nos quedó y dejamos Costa Rica sabiendo que nos dirigíamos a nuestro destino final.

Para entonces, mis padres se habían hecho amigos de otros cubanos en España y Costa Rica. La mayoría de esos inmigrantes también se habían establecido en Estados Unidos como su destino final. Ahora los seguimos a Miami y conseguimos un aparta-estudio en Hialeah, Florida: una habitación en la parte trasera de la pequeña casa de otra familia cubana. Habíamos recorrido un largo camino, pero finalmente habíamos llegado al país que llamaríamos nuestro hogar por el resto de nuestras vidas.

Mis padres apenas habían logrado completar la escuela primaria en Cuba y no hablaban inglés. Afortunadamente, el sur de la Florida era una meca para los inmigrantes latinos, así que podían hacer todos sus negocios y relaciones sociales con otras personas de habla hispana. Pero, a diferencia de los otros cubanos que conocíamos, nosotros no teníamos parientes en Florida. Estábamos totalmente solos. A pesar de la barrera del idioma y la falta de conexiones, mis padres milagrosamente encontraron trabajo inmediatamente: mi madre en una fábrica de ropa y mi padre en un restaurante.

Estaban fuera durante largas horas y eso me obligó a valerme por mí mismo. El día que llegamos, yo tampoco hablaba una palabra de inglés. Combinado con mi naturaleza tímida, esto me hizo sentir ansioso, deficiente y aislado. Sabía que mi única oportunidad de supervivencia era aprender inglés lo antes posible.

Al principio mis padres intentaron inscribirme en una escuela católica privada, pero rápidamente quedó claro que no podíamos pagar la matrícula. Después de un par de meses, me pusieron en la escuela primaria Palm Springs que tenía un programa de educación bilingüe. Me llevaron una vez a la escuela, firmaron los formularios y eso fue todo: se esperaba que encontrara solo el camino a la escuela cada día. Me atrasaron un grado, lo cual era el procedimiento estándar para los niños inmigrantes que no hablaban inglés, así que quedé en sexto grado a pesar de tener casi trece años.

Por supuesto, todavía era uno de los chicos más bajitos y seguía siendo gordo. Aparte de mi lucha con el inglés y el choque cultural, esto significaba que era incluso más reticente a hacer amigos, sobre todo porque no era bueno en ningún deporte. Nunca me había sentido tan solo. En España había tenido amigos y en Costa Rica tenía a mis padres y me sentía útil en el restaurante. En esta nueva vida, en esta tierra extraña, mis padres normalmente salían a trabajar antes de que me despertara y no volvían a casa hasta el anochecer.

Durante ese primer año de adaptación, me convertí en un ermitaño, encerrándome en mí mismo y evitando cualquier interacción con chicos de mi edad. Ya fuera debido a la barrera del idioma o a todas las mudanzas que habíamos hecho, mi instinto aquí fue evitar todo contacto.

Como no tenía nada que hacer después de la escuela, me la pasaba viendo televisión y escuchando música en la radio. En cierto modo, esto resultó ser una buena cosa. Si hubiera tomado un camino diferente —si por ejemplo me hubiera hecho amigo de las personas incorrectas o si hubiera sido lo suficientemente notorio para ser intimidado— mi vida podría haber sido muy diferente. En cambio, me volví adicto a la televisión y ella fue mi mejor profesor de inglés. No entendía una palabra de los programas de televisión, pero los veía religiosamente cuando llegaba a casa de la escuela. Quedé especialmente enganchado en las telenovelas como *The Guiding Light*, porque los papeles interpretados por diferentes personajes —mujeres malas y virtuosas, hombres malvados y héroes— eran obvios aún sin entender la lengua, así que era fácil seguir el argumento.

También me encantaban los programas de concurso como *Family Feud*, porque a menudo proyectaban en la pantalla las palabras que decían. No me tomó mucho tiempo comenzar a asociar las palabras que escuchaba con las letras impresas que veía. *The Carol Burnett Show* también fue parte muy importante de mi infancia porque lo veía como el paquete completo de entretenimiento; mirando ahora atrás, me doy cuenta de que ver ese programa probablemente despertó mi interés en actuar en Broadway más adelante en mi carrera.

La radio seguía siendo una parte esencial de mi vida solitaria, como lo había sido en España. Escuchaba mis emisoras favoritas siempre que no estaba viendo la tele y no sentía ningún deseo de escuchar música en español. En su lugar, me sentí atraído por las canciones pop americanas e imitaba a los cantantes para aprender inglés más rápidamente. A principios de los años setenta, escuchaba todo: desde Elton John a Stevie Wonder, de Marvin Gaye a Barry Manilow. Me aseguré de copiar fielmente las palabras y frases al imitar a mis artistas favoritos, tratando de eliminar cualquier acento latino en mi inglés.

Mi primera compra musical fue un conjunto de discos que incluían una canción específica de Elton John: "Someone Saved My Life Tonight". Escuché esa canción una y otra vez, junto con "Midnight Blue" de Melissa Manchester. Más tarde, tuve el privilegio de trabajar con Melissa y una de las primeras cosas que hice fue decirle cuánto había significado para mí esa canción cuando de niño me sentía perdido en un nuevo e inmenso país.

Sin parientes, mis padres y yo teníamos que entretenernos unos a otros en las vacaciones. Nos encantaba conducir al norte de la Florida, a San Agustín, que nos recordaba el Viejo Madrid, o a Daytona Beach, donde nos fascinaba poder rugir arriba y abajo por las playas de arena blanca en nuestro pequeño Dodge Colt.

Mis padres seguían peleando mucho pero yo ya estaba acostumbrado. En retrospectiva, creo que permanecieron juntos en parte porque temían que me pasara algo. Si no estábamos los tres juntos, sabían que me sentiría más perdido de lo que ya estaba en este vasto país. Estaban comprometidos a mantener intacta nuestra familia.

Muy pronto mi padre tuvo el dinero para abrir una cafetería propia. Allí comenzó otro período de largas horas de trabajo para todos nosotros, pues mi madre y yo trabajábamos con él para que fuera un éxito. Seguimos ese patrón por muchos años. Cuando papá se cansaba de un negocio en particular, lo vendía y se tomaba un descanso, para luego abrir otra tienda en otro lugar. Su éxito en los negocios, tan modesto como era, lo llenaba de una energía exuberante. Amaba ser su propio jefe y asumía cada nuevo negocio con una sensación de invencibilidad. Su afán de alcanzar el éxito nunca disminuyó.

Una de las primeras cosas que mis padres hicieron cuando tuvieron suficiente dinero fue comprar sus propias parcelas en el cementerio.

—Queremos asegurarnos de que no tendrás que preocuparte por nuestros funerales —me dijo mi padre. También tomaron seguros de vida en los que yo era el beneficiario. Incluso en la muerte, estaban decididos a cuidar de mí.

Por esa época, yo era estudiante de primer año de bachillerato. Había sobrevivido la secundaria y aprendido suficiente inglés para ayudar a mis padres a traducir las facturas, documentos escolares o los pedidos de los clientes difíciles en el restaurante, aunque mi madre de alguna forma se las arreglaba para hacerse entender de los clientes angloparlantes.

En la escuela me iba bien y ese era el barómetro para mi éxito como niño y el de ellos como padres. Además, estaban demasiado ocupados trabajando todo el día para poner comida sobre la mesa para preocuparse mucho acerca de lo que sucedía en mi vida emocional. Cuando tenía quince años, mis padres incluso encontraban trabajos que los llevaban fuera de la ciudad los fines de semana. Yo me quedaba solo en casa empapándome de entretenimiento americano durante horas.

Ninguno de nosotros tenía idea de que estaba perfeccionando mi sensibilidad o talento musical. Sin embargo, mirando atrás, veo claramente que mi educación musical estaba en curso cuando cantaba junto a mis artistas favoritos en la radio o gritaba respuestas a las preguntas de los programas de concurso, maravillado por el apasionante mundo del entretenimiento en inglés.

Aunque durante ese tiempo nunca canté una nota en público, esos primeros años en Florida fueron el verdadero comienzo de mi vida como cantante. En mi primera infancia en Cuba, España y Costa Rica, había algo dentro de mí que sabía que podía cantar, pero era demasiado tímido e introvertido para compartir ese conocimiento con nadie. Simplemente cantaba a solas, imitando a cada artista tan exactamente como podía, hasta que la música pop norteamericana se convirtió en un llamado para mí.

Al final de la secundaria me había vuelto aún más consciente de mi aspecto. Todavía deseaba hacer deporte y odiaba ser tan bajo y regordete; también seguía prefiriendo mi propia compañía.

Luego, casi de la noche a la mañana, todo cambió. Mi madre cayó en cuenta de que yo no estaba superando mi inseguridad y me hizo hacer dieta. Al mismo tiempo, comencé una clase de educación física con un entrenador verdaderamente duro. Nunca olvidaré la actitud de ese tipo porque fue la primera persona que me presionó. Pensé que lo odiaba.

—Escucha, Juan —me dijo el entrenador en su estilo directo—, tienes que ponerte en forma y empezar a competir con los otros chicos.

Cada vez que tenía clase de educación física, la cosa iba en serio. Era un verdadero partidario de la disciplina y todos temíamos su clase y las terribles actividades que inventaba. "Me va a patear el trasero y no quiero lidiar con esto", me decía a mí mismo cada vez que debía asistir a esa clase, porque era como una pesadilla en un campo de entrenamiento del ejército.

Sin embargo, en poco tiempo me di cuenta de que a pesar de lo horribles y sudorosas que eran esas clases de educación física, comenzaba a disfrutar del ejercicio. Entre eso y la nueva dieta, comencé a bajar de peso. Al mismo tiempo, experimenté repentinamente una etapa de gran crecimiento.

Ahora que empezaba a sentirme físicamente mejor y a habitar mi cuerpo más cómodamente, soñaba más que nunca con practicar algún deporte; especialmente béisbol, puesto que era el deporte más popular en Cuba aparte del atletismo. Pero no había forma de hacerlo. Por un lado, era demasiado viejo: todos los chicos que jugaban en el equipo de béisbol habían comenzado a jugar desde pequeños y eran jugadores altamente calificados. Por otro lado, mis padres no podían apoyar mi participación en un deporte que requiriera dinero para equipo o transporte a las prácticas. Trabajaban casi permanentemente y apenas tenían tiempo para comer y dormir. Estaba solo.

Finalmente, sin embargo, descubrí una actividad extracurricular cerca de mi casa a la que podría entrar y que mi familia podría permitirse: taekwondo. Comencé a tomar clases en un estudio a poca distancia de mi casa y rápidamente quedé enganchado, no solamente por el entrenamiento físico sino también por la disciplina mental de las artes marciales. Cuanto más practicaba, más poderoso me sentía al adquirir las habilidades y el control para protegerme y derrotar a un oponente.

En el segundo año de bachillerato ya no tenía sobrepeso ni era el chico más bajito de la clase. Esa transformación física me dio la confianza para empezar a revelar mi verdadera pasión —y algo de mi personalidad— a través de la música.

Ya no podía contener mi deseo de cantar; era casi como si la música burbujeara dentro de mí. Había visto carteles en la escuela anunciando las audiciones para el próximo musical. Pero me dije que no intentaría eso. Sólo me inscribiría en el coro. Aunque no tenía experiencia cantando en el escenario, había pasado tanto tiempo imitando las canciones de la radio que estaba seguro de que podría hacerlo. Una tarde, tuve literalmente una charla conmigo mismo, persuadiendo a mi tímido y solitario yo de acercarse más y más a la puerta del salón de música: "Veamos a ver lo que alguien más piensa de mi voz".

Cuando entré, la maestra de música de la escuela estaba en su salón con otros pocos estudiantes. La maestra, la Señora Van Antwerp, era una mujer amable del Midwest. Con cincuenta y tantos años, era muy pequeña y de pelo oscuro, tenía una sonrisa cálida y grandes gafas. Fue extremadamente amable cuando entré a su salón; una buena cosa ya que, cuando respiré profundamente y crucé el umbral, temblaba de miedo.

De alguna manera encontré el valor para hablar cuando estuve delante de ella.

—Quiero cantar —dije—. Pensé que podría ingresar al coro.

La señora Van Antwerp asintió con la cabeza como si fuera la cosa más natural del mundo que un estudiante apareciera anunciando su deseo de cantar al final del año académico.

—Está bien —me respondió—. Pero tendrás que presentar una prueba. ¿Por qué no cantas algo para mí?

—¿Qué? ¿Ahora mismo? —pregunté.

—Por supuesto —dijo—. ¿Qué quieres cantar?

Después de una pequeña charla, nos decidimos por una canción de Johnny Mathis, "Misty". La señora Van Antwerp tocó unos acordes en el piano. Cuando empecé a cantar, ella volvió la cabeza para mirarme asombrada y me preguntó:

—¿Quién eres? ¿Y de dónde saliste TAN de repente?

—¿Debo seguir? —pregunté.

—¡Definitivamente!

Terminamos la canción juntos y el pequeño nudo de ansiedad que sentía comenzó a aflojar cuando la señora Van Antwerp sonrió y dijo:

—Vaya, muchacho, tú sí que sabes cantar.

Ese fue el momento en que supe que tenía que encontrar la forma de que la música fuera parte de mi vida.

Trabajar con la señora Van Antwerp fue mi primera relación

con un maestro de música. De hecho, fue mi primera experiencia con un maestro de arte que era tan acogedor que sentí que podría correr riesgos frente a ella y desplegar mis habilidades.

—Bueno —me dijo—, de hoy en adelante, vamos a hacer algunas cosas para que tu voz sea aún mejor. Quiero que estés en el coro y que te presentes para los conjuntos y algunos solos, también. ¿Está bien?

¿Que si me parecía bien? Tuve que reír ante la pregunta, porque honestamente fue como poder respirar después de haber sido privado de oxígeno durante años. Todo que había estado absorbiendo musicalmente desde que era un niño pequeño había alcanzado un punto en el que era imposible para mí contenerlo, y ahora tenía una forma de dejarlo salir.

Pasé el resto del bachillerato involucrado con la música y el teatro. Además de inscribirme en coros y conjuntos, hice una audición para el siguiente musical de la escuela, *The Stingiest Man in Town*, una parodia de *Canción de Navidad* de Charles Dickens, y representé el papel del joven Scrooge. También canté en el concurso de talentos de la escuela. Nunca olvidaré ese momento en particular porque fue la primera vez que canté frente al público. Había elegido una de mis canciones favoritas de Barry Manilow, "Daybreak", una canción que aprendí escuchando uno de sus discos.

Estaba tan asustado cuando subí al escenario durante el show que literalmente temblaba en mis zapatos. Pero, cuando abrí la boca, sucedió una cosa curiosa: mientras cantaba, tuve una sensación inmediata de gratificación que gradualmente me hizo sentir más seguro a medida que progresaba la canción. Después, recibí tantos elogios que mi confianza aumentó aún más. Finalmente empecé a hacer amigos cuando descubrí que no era el único que amaba la música.

En mi penúltimo año de bachillerato, me presenté a la audición para el musical *Godspell* y fui elegido para representar el papel de Judas. Estaba un poco molesto porque el papel de Jesucristo fue para mi buen amigo Miguel Morejón pero, siendo Judas, yo abría el show y tenía algunos grandes momentos en el escenario.

Por supuesto, lo que no podía saber entonces era que mi amistad con Miguel superaría con creces mi decepción por no tener el papel principal. Muchos años después, Miguel se convertiría en mi principal compañero de composición y me ayudó a escribir mi éxito "Just Another Day" y muchas otras canciones.

Miguel fue fundamental en mi desarrollo como músico incluso desde antes, presentándome bandas y música que nunca habría escuchado por mi cuenta. En la secundaria, me animó a tomar clases de piano y fue él también quien me familiarizó con grupos de rock como Led Zeppelin y Queen, diciéndome:

—Bueno, sé que has estado escuchando a todos estos artistas solistas y eso es genial, pero tienes que ampliar el rango.

Me encantaba toda la música que Miguel me ponía. Me fascinaba cada musical de la escuela, cada concurso de talentos y cada actuación coral. ¡Amaba la música! Siempre había sido como una esponja, absorbiendo diferentes tipos de música siempre que podía. Ahora estaba aprovechando activamente las oportunidades de mejorar mi musicalidad.

El lema de mi padre era tomar una oportunidad a la vez y aprovecharla al máximo. Finalmente estaba empezando a ver que había heredado su espíritu de conquistador del mundo y su sentido de invencibilidad. Ahora estaba siguiendo su ejemplo, aprovechando cada oportunidad para hacer escuchar mi voz, sin saber aún a dónde me llevaría la música.

CAPÍTULO CUATRO
Abre tu corazón al cambio

Fui un retoño tardío en la vida, en todo, desde el lanzamiento de mi carrera hasta enamorarme. Sólo yo fui responsable de mi carrera, pero mi padre jugó un papel importante en un evento que me llevó a ser especialmente cauteloso con las mujeres.

Tras haber sido un solitario en la escuela secundaria, fue maravilloso tener finalmente algunos buenos amigos a través de la música y el teatro. Aunque era obvio que era feliz y vivía ocupado, a mi padre le preocupaba el hecho de que no tuviera novia y decidió iniciarme en las maravillas de la feminidad. Poco después de que cumplí dieciséis años, me informó que iríamos de viaje a Costa Rica sin mi madre.

—Necesito que vayas conmigo para ayudarme con algunas cosas allá —dijo, hablando vagamente de ver a unos socios de negocios y presentar algunos documentos de residencia.

No pensé mayor cosa de la situación cuando nos dirigimos a Costa Rica a pasar un fin de semana largo. La noche antes de regresar a Miami, salí con algunos viejos amigos a ver una película. Cuando regresé al hotel, encontré a mi padre en el vestíbulo, sentado en el bar con unas pocas personas.

—Oye, ya es tarde —le dije—. Deberíamos subir y dormir un poco.

—No —me respondió—, voy a quedarme aquí un rato. Tú ve a la habitación. Subiré pronto.

—Está bien —contesté y subí a ver televisión y esperarlo.

Un poco más tarde, alguien tocó a la puerta. Cuando abrí, vi a mi padre con una mujer. Incluso a los 16 años, le di un vistazo y supe por su atuendo y maquillaje que era una prostituta.

—Mira, hijo —dijo mi padre con una sonrisa antes de desaparecer—, creo que ya sabes lo que estás necesitando. ¡Diviértete!

La mujer entró a la habitación. Tenía treinta y algo e inmediatamente comenzó a tratar de hacerme sentir lo más cómodo posible, hablándome suavemente en español y actuando amorosa. Obviamente se dio cuenta enseguida de lo que estaba pasando, pero le iban a pagar por hacer un trabajo así que intentó hacerlo bien.

—Ven —sugirió dulcemente—. Tomemos una ducha juntos. ¿No te parece delicioso?

Estaba aterrado —ni siquiera había besado a una chica, mucho menos visto a una mujer desnuda—, pero traté de participar en el pavoroso escenario para evitarle a esa pobre mujer y a mí mismo una vergüenza.

Sin embargo no importaba cuánto quisiera que las cosas salieran bien. Cuando llegó el momento de actuar, no pude. Intentamos intimar de muchas maneras diferentes, pero la proeza técnica de perder mi virginidad me eludió. La mujer finalmente se fue y yo me cubrí con las mantas hasta la barbilla, reprendiéndome a mí mismo por no ser capaz de hacer lo que debería ser un acto tan natural.

Sin embargo, después, cuando mi padre me preguntó cómo me había ido, me sentí obligado a mentir. Como siempre, no quería decepcionarlo.

—¡Oh, fue maravilloso! —le dije y le di las gracias.

La verdad era que el calvario de intentar hacerle el amor a esa mujer no fue simplemente poco satisfactorio para mí. Fue horrible. Yo no había sido circuncidado y el acto sexual no sólo me resultaba complicado e incómodo, sino también muy doloroso. Eventualmente le conté a papá la verdad, muchos meses después, y eso condujo a mi circuncisión para aliviar el problema.

Entretanto, la escuela secundaria era físicamente libre de pasión. Besé a una chica después de emborracharme en una fiesta del coro, pero fue una mala idea en todos los sentidos. No solamente estaba totalmente borracho; además, después de llevarla a su casa, vomité por todo el coche. A mi padre le molestó que hubiera vomitado en su auto, pero fue fácil aplacarlo cuando le dije:

—¡Papá, lo siento, pero casi lo hice con una chica!

La única otra chica a la que invité a una cita durante la escuela secundaria fue la que invité al baile de graduación. Ni siquiera fue idea mía sino el resultado de una apuesta un día en la escuela, cuando un amigo me dijo:

—Adelante. Apuesto a que si invitas a esa chica al baile, ella acepta.

Al principio me reí porque mi amigo estaba señalando a la hija del alcalde, Robin Bennett, una hermosa rubia de ojos azules y una de las chicas más populares de la escuela. La hermosa rubia hija del alcalde, ¿por qué habría de salir con un chico de aspecto corriente, pobre y afro-cubano como yo?

Pero, para mi sorpresa, ¡Robin dijo que sí cuando la invité al baile de graduación! Aún recuerdo el placer de conducir hasta su casa para recogerla y lo amable que fue conmigo su padre, Dale Bennett. Lo único que dijo fue:

—¡Diviértanse chicos! ¡Pero sean cuidadosos!

Y nos divertimos, hablando y bailando toda la noche, pero eso fue todo: la suma total de mi vida amorosa antes de entrar a la universidad.

Mis padres estaban felices de que participara en actividades extraescolares y asistían sin reparos a mis actuaciones. Sin embargo, veían mi interés por la música tan sólo como un pasatiempo.

—Estamos contentos de que obtengas tan buenas notas —me decían—. ¡Podrás llegar a ser médico o dentista!

A medida que se acercaba la graduación, ver lo esperanzados que estaban en que hiciera una carrera profesional me hacía sentir cada vez más en conflicto. Estas nuevas y maravillosas experiencias con la música habían encendido mi alma, pero no podía imaginar la forma de convertir mi amor por la música en una carrera estable. Además, lo último que quería era decepcionar a mis padres.

Incluso de niño, mi naturaleza fue ser siempre analítico, reflexivo, organizado y preparado. Esos rasgos me llevaron a sobresalir en la escuela y a graduarme entre los diez mejores estudiantes de mi promoción. Respetaba a los educadores y conocía el valor de la educación en la vida profesional. En esencia, las únicas dos cosas que sabía con certeza eran que quería asistir a la universidad (aunque no sabía cómo la pagaría) y que quería unos ingresos estables.

Parecía imposible alcanzar esas dos metas y además tener la música en mi vida. ¿Qué podía hacer?

Eventualmente, gracias a mi fuerte relación con mi profesora de música, me di cuenta de que podía seguir su ejemplo y hacer una carrera docente en música. Aunque enseñar no me daría los ingresos que obtendría como médico o dentista, la educación era una profesión respetable y estable que daría satisfacción a mis padres.

En ese momento, hice un acto de fe y decidí buscar una universidad donde pudiera estudiar educación musical con el objetivo de algún día enseñar música en una escuela secundaria. Jamás se me ocurrió que alguien —¡y yo mucho menos!— podía ganarse la vida como artista; simplemente estaba optando por la forma más práctica de ganarme la vida haciendo algo que amaba.

Mi consejero y maestros me animaron a presentarme a la Universidad de Miami, sabiendo que tenía la mejor escuela superior de música del país. Afortunadamente, las piezas encajaron y fui aceptado con un paquete de ayuda financiera que incluía becas y préstamos. Comencé mi primer año inmediatamente después de acabar la secundaria y seguí viviendo en casa de mis padres para ahorrar dinero. Estaba emocionado de estar trabajando para un título universitario. Incluso convencí a Miguel de ir conmigo a la universidad.

Mis padres, mientras tanto, continuaban peleando, discutiendo a gritos algunas veces. Era evidente que mi ingreso a la universidad había producido un cambio en su relación. Tenía menos tiempo para ayudarles en la cafetería y ya no pasaba tanto tiempo con ellos para amortiguar su relación. Un día, hubo una discusión particularmente fuerte y mi padre abandonó la casa hecho una furia.

Yo tenía que ir a alguna parte esa tarde. Cuando regresé, mi padre estaba sentado solo en la sala de estar.

—Ven acá, hijo —me dijo. Sonaba casi triste. Me acerqué a él con cautela.

Inmediatamente empezó a pedirme disculpas.

—Te he defraudado permitiéndote ver estas peleas —dijo—. Me siento terrible de que tu madre y yo hayamos estado peleando de esta manera delante de ti.

Podía ver lo muy arrepentido que estaba.

—Pipo, está bien —le contesté dulcemente. No sabía qué más decir. Lo único que me importaba era que mis padres seguían juntos. Los pilares de mi infancia seguían firmes.

Todavía no lo sabía pero, al igual que yo mismo, mi padre estaba al borde de una transformación.

Mi felicidad al ser aceptado en una universidad de tal reputación en educación musical se atenuó rápidamente cuando descubrí lo mal preparado que estaba en comparación con los otros estudiantes de música. Yo había cantado con nuestro coro de la escuela secundaria y había representado el papel principal en los musicales de la escuela, pero el alto nivel del talento en la Universidad de Miami era asombroso. Sí, podía cantar, pero tenía un largo camino por recorrer.

La triste realidad era que mi educación musical había comenzado tarde en la vida. Mis talentosos compañeros tocaban instrumentos o habían tomado lecciones de voz toda su vida. Yo tenía buenos y crudos instintos musicales, así como un poderoso deseo de tener éxito, pero eso era todo. No podía leer música muy bien a pesar de mis clases de piano y ciertamente no sabía nada de teoría musical.

Para ser aceptado en los conjuntos vocales de la Universidad de Miami era necesario hacer una audición. Me presenté a una audición tras otra, canté con el alma intentando entrar a formar parte de algún grupo universitario, pero siempre sufrí un humillante rechazo porque no tenía el entrenamiento adecuado.

Esa dura experiencia casi me lleva a abandonar mis sueños. Pero, recordé la perseverancia de mi padre, me armé de valor y persistí. Me recordé a mí mismo que mi objetivo al asistir a la Universidad de Miami era convertirme en un mejor cantante y en educador. Tenía que hacer todo lo posible para alcanzar esa meta y convertirme en el mejor maestro de música posible.

Finalmente, el último día de audiciones, aproveché la oportunidad que cambió mi vida y encontré el siguiente trampolín de mi carrera.

Ese día en particular, había decidido pasar por la sala de ensayos del conjunto de jazz vocal. Las otras audiciones habían sido para grupos que cantaban música clásica, pero los cantantes de jazz hacían algo de música contemporánea. Yo todavía era adicto a la música pop, así que eso me atrajo.

El profesor, Larry Lapin, estaba solo en su salón cuando llegué esa tarde. Era un hombre alto, con una cabeza llena de cabello negro, gafas y barba. Me lanzó una mirada acogedora y dijo:

—Oye, muchacho, ¿cómo estás? ¿En qué andas?

Me encogí aterrorizado.

—No mucho —murmuré.

Era un tipo muy chévere e inmediatamente trató de hacerme sentir relajado, mientras me tanteaba para averiguar lo que quería.

—Entonces, ¿qué te trajo aquí hoy?

Tragué con dificultad y respondí:

—Quiero participar en el conjunto de jazz vocal —Fue difícil pronunciar esas palabras, porque mientras las decía, me estaba sintiendo totalmente fuera de mi elemento. Una pequeña voz en mi interior me reprendía: *¿qué crees que estás haciendo, apareciéndote sin previo aviso en el salón de este tipo? ¡Esto es la universidad, no la secundaria!* Quería desaparecer a través de un agujero en el suelo.

Pero Larry —como muy pronto llegaría a conocerlo— sólo mantuvo la calma y continuó tratando de hacerme sentir en casa. Él sintió mi ansiedad y cambió inmediatamente de estrategia, haciéndome preguntas sobre mí mismo. Más importante aún, me hizo sentir como si a él realmente le interesara lo suficiente para escuchar las respuestas.

—Está bien —me dijo—. Me alegra que hayas venido. Cuéntame de qué escuela vienes y cuéntame un poco de tu experiencia.

Pronto estábamos conversando sobre todo tipo de cosas, de Cuba y Costa Rica hasta qué tipo de canciones había escuchado mientras crecía. Luego dijo, actuando muy casual:

—Así que, ¿conoces algún bolero? Son parte de tu cultura, ¿verdad?

—Sí, conozco algunos —le dije.

—Bueno, eso es genial —me respondió—. ¿Alguno que te guste cantar especialmente?

Pensé un momento y luego respondí:

—"Tu me acostumbraste". ¿Lo conoce?

—Sí, claro que lo conozco —dijo—. ¿Te gustaría cantarlo para mí?

—Sí —Enderecé los hombros y respiré profundamente—. Gracias, señor. Se lo agradezco.

Luego Larry fue al piano —era un reputado pianista de jazz, así como el jefe de estudios de jazz vocal en la universidad— y tocó unos pocos acordes.

—¿Qué tal esto? ¿Es la nota correcta para ti?

Cuando le dije que sí, empezó a tocar el piano y yo comencé a cantar, sintiendo más confianza cuando Larry asintió positivamente con la cabeza y me dijo:

—Bastante bien. ¡Eso está bien! —Luego me preguntó qué voz había cantado en la escuela secundaria.

—Bajo barítono —contenté, con el corazón golpeándome en el pecho. En ese momento, aún no sabía si me iba a aceptar o no.

Larry sonrió.

—Excelente. Ven al ensayo del grupo vocal de jazz la primera semana de clases y lo resolveremos.

Abandoné el salón sintiendo que volaba. Era maravilloso ser aceptado. Y por un profesor universitario y un músico de jazz profesional, ¡además!

En cuanto a mi talento musical, el conjunto de jazz resultó ser sin duda la cosa más difícil que hice en ese primer año de universidad. Recuerdo entrar el primer día de ensayo, tomar la partitura que Larry me entregó y pensar que daría lo mismo si estaba escrita en chino. Yo no sabía leer música.

Los otros cantantes del grupo de jazz no tenían esos problemas. Cuando comenzamos a revisar la música, descubrí que mis compañeros eran excelentes lectores y podían interpretar la música tan fácilmente como la mayoría de la gente lee letras impresas en una página. Me esforcé en encajar y permanecer tranquilo, pero tenía miedo de fracasar y ser expulsado del conjunto. Por unos minutos, incluso consideré renunciar antes de que eso sucediera.

Pero mi ambición —ese espíritu de conquistador que había heredado de mis padres— superó los nervios. Me juré hacer lo que fuera necesario para permanecer en ese conjunto. Agarré la partitura y me dirigí directamente a la sala de música. Allí, pasé horas tocando cuidadosamente cada nota en el piano, cantando para asegurarme de que entendía la música lo suficiente para estar preparado para el ensayo del día siguiente.

Mi habilidad como cantante aumentó durante los dos primeros años de universidad y Larry se convirtió en mi mentor. Aunque había escogido educación musical como mi carrera y nunca pensé ganarme la vida como artista, sabía que mi verdadera pasión era esa. Ya no podía seguir negándolo.

Estaba en el lugar correcto en el momento oportuno: la Universidad de Miami abrió su programa de jazz vocal cuando yo estaba en segundo año. Larry, que era la punta de lanza de la iniciativa del programa, me preguntó si consideraría la posibilidad de cambiar de carrera.

—Serías un excelente candidato para el programa —me dijo.

Esto significaba mucho viniendo de Larry, quien vivía mi sueño de trabajar como músico en Miami. Había trabajado con grandes del jazz como Gerry Mulligan, Bobby Shew, Johnny Smith y Sarah Vaughan, además de tocar con regularidad en clubes. Muchas veces fui a verlo tocar en el Hotel Doral de Miami Beach. Entre más lo conocía, más lo admiraba. Yo quería hacer lo que él estaba haciendo.

Al mismo tiempo, seguía siendo cauteloso. Sabía que los ingresos de un músico podían ser impredecibles. A pesar de que mis padres habían aceptado mi compromiso con la música y habían dejado de hablarme de ser médico o dentista, yo seguía viviendo con ellos y era testigos de cuán duro trabajaban para mantenerse a flote financieramente. Nos mudamos muchas veces, permaneciendo siempre en Hialeah pero intentando conseguir apartamentos un poco mejores. Mis padres trabajaban un tiempo en una cafetería o restaurante, y luego continuaban con su patrón de tomar un descanso del trabajo o buscar alguna nueva y mejor oportunidad, siempre tratando de mejorar su estilo de vida. Yo sabía lo difícil que puede ser ganarse la vida. ¿Realmente quería arriesgarme a ser músico?

A pesar de los temores y dudas, la respuesta era afirmativa. No había ningún otro camino que quisiera seguir. En mi tercer año, me cambié a jazz vocal. Esa decisión cambió todo. Había descubierto que no solo quería enseñar: quería dominar todos los aspectos de la música, desde la enseñanza hasta el entretenimiento, desde adaptar hasta componer.

Mi entusiasmo me llevó a involucrarme en una variedad de conjuntos de la universidad y en todo lo que tenía que ver con mi carrera. En el último año de universidad, incluso coqueteé con oportunidades de enseñanza en diferentes escuelas secundarias y programas de extensión en una universidad local.

Debido a mi progreso acelerado en la música y a nuestra relación personal, Larry me invitó a continuar en la universidad como estudiante de postgrado de interpretación de jazz vocal, recibiendo el costo de la matrícula y un pequeño salario de asistente graduado a cambio de ayudarle con los conjuntos. Me sentí honrado; sería el primer graduado del programa y el primer asistente graduado de Larry.

Pensé que si no lograba vivir como artista, tener una maestría por lo menos me permitiría enseñar a nivel universitario. Además, en un nivel profundo, yo seguía creciendo y aprendiendo como músico y como artista. Aunque era consciente de que hacer la maestría era una especie de red de seguridad, era una que disfrutaba profundamente.

Podía imaginar fácilmente un futuro en el que haría lo que hacían Larry y mis otros mentores de la universidad, teniendo un trabajo respetable y estable durante el día y ejerciendo como cantante y compositor en la noche. No veía ningún problema en trabajar día y noche. Después de todo, eso era lo que mis padres habían hecho siempre y yo había absorbido su ética de trabajo. Una carrera exigía tomar riesgos y establecer el trampolín hacia el éxito.

Las cosas estaban funcionando muy bien, incluso mi vida amorosa.

En mi último año de universidad, mi confianza como intérprete fue creciendo pero, de alguna manera, esa confianza no se traducía en la creencia de que alguna mujer pudiera estar interesada en mí. En resumen, todavía era demasiado tímido para invitar a salir a alguien.

En términos generales, había dejado atrás el incidente con la prostituta en Costa Rica, tratando de borrarlo por completo de mi mente. No quería que esa dolorosa experiencia representara la suma total de lo que significaba ser activo sexualmente. No quería sentirme solo físicamente cerca de una mujer; anhelaba también tener una intimidad emocional.

Después de lo ocurrido en Costa Rica, me había encerrado inmediatamente en mi coraza protectora, concentrándome en lograr buenas notas y en absorber todo lo relacionado con la música. Supongo que lo sentía como algo natural, también, ya que crecí siendo un solitario. Estaba acostumbrado a pasar largas horas solo cuando no estaba en la escuela, escapando en la música.

Entonces, en mi último año de universidad, todo cambió. Fue

como ser golpeado por un rayo. Nuestro conjunto de jazz vocal estaba de viaje por carretera con destino a un festival en Mobile, Alabama y, de alguna manera, en el autobús terminé conversando con una compañera de clase a la que siempre había considerado completamente fuera de mi alcance. Esta mujer —voy a llamarla Samantha— era preciosa y tenía una figura de muñeca Barbie. Me sentía intensamente atraído por ella, no sólo físicamente, sino porque era una buena cantante y compartíamos la pasión por la música.

Realmente no puedo explicar por qué tuve la confianza para hablar con Samantha en el autobús, pero nos conectamos ahí y durante el festival de jazz. El verdadero momento "Eureka" llegó días después del viaje, cuando nos conocimos mejor y nos acostamos por primera vez. No podía creer lo maravilloso que era intimar sexualmente con alguien de mi edad, una mujer que verdaderamente me atraía en todos los sentidos.

En una semana, mi vida se transformó por completo. En lugar de sumergirme únicamente en la música, como lo había hecho hasta entonces, pasaba cada minuto libre con Samantha. Aunque eso puede haberme distraído de mis estudios por un tiempo, estar con ella me dio la confianza para dejar de ser tan estúpidamente tímido también en otras circunstancias.

Desde ese momento, me volví más extrovertido y asertivo en situaciones sociales. Y debido a que era más extrovertido, comencé a sentir la atención de otras personas —incluso otras mujeres— que sintieron que ahora era más accesible.

Enamorarme por primera vez y descubrir la pasión física alimentó mi sensibilidad musical. Había empezado a escribir mis primeras canciones alrededor de esta época, y es fascinante mirar atrás ahora y ver cómo mi carrera de compositor fue paralela a mi urgente deseo de ser amado por una mujer.

A pesar de que el español es mi lengua materna, mi instinto fue escribir canciones en inglés. Supongo que eso fue resultado directo del proceso de "esponja" que había experimentando, empapándome de la cultura pop americana a través de la radio y televisión desde mi llegada a Estados Unidos.

La primera canción que escribí en la Universidad de Miami fue "Wishes", una tonada emocional y jazzy que compuse hacia el final de mi tercer año de carrera. Esa canción coincidió con la época en que empecé a sentirme realmente dispuesto a tener una novia y la letra expresa claramente ese anhelo: "Si los deseos se pueden hacer realidad, pasaría mi vida contigo".

Escribí "Wishes" como una canción de jazz en el sentido en que Stevie Wonder es jazzy. La melodía de los acordes de esa canción es una combinación de R&B, jazz y pop; intentaba equilibrar un sonido comercial con progresiones de acordes que añadieran profundidad. Después, escuché objetivamente la canción y pensé, *eso no está tan mal*. Todavía me siento orgulloso de "Wishes"; recientemente incluso produje una nueva grabación de esa canción.

Después de escribir "Wishes" en la universidad, grabé un demo usando las instalaciones del campus. La canción recibió críticas positivas de mis amigos, así que continué escribiendo canciones durante los siguientes dos años. Había abierto la caja de Pandora. Había abierto mi corazón al amor y la composición. Y, al igual que mi padre, tenía que seguir mi corazón y mi alma.

CAPÍTULO CINCO
Sigue esforzándote

Incluso antes de obtener mi maestría, me estaba volviendo uno de los vocalistas masculinos a los que la gente recurría en Miami. Me ganaba el sustento dando clases de canto en el Miami Dade College, haciendo sesiones de trabajo como cantante de respaldo, escribiendo canciones, cantando en clubes nocturnos, haciendo proyectos especiales para la televisión latina y actuando de noche. Y por supuesto, todo el tiempo que me quedaba libre, lo pasaba con Samantha. A veces estaba tan cansado que mis estudiantes tenían que golpear a la puerta de mi oficina para despertarme, porque estaba inconsciente en el piso, completamente exhausto.

Con todas esas diferentes responsabilidades a cuestas, no era capaz de ayudarles muchas horas a mis padres en la cafetería. En opinión de mi padre, probablemente estaba pasando demasiado tiempo con Samantha.

Un día se enfureció conmigo en la cocina del restaurante.

—¡Estás viviendo aquí totalmente gratis y no haces tu parte! —gritó.

En el pasado, yo probablemente habría retrocedido. Nunca quise faltarles al respeto a mis padres y siempre fui cauteloso cuando mi padre estaba enfadado. Pero, esta vez, tal vez porque ya estaba muy cansado e irritable por la falta de sueño, me enojé.

—¿Qué quieres decir? —le grité—. Te ayudo siempre que puedo.

La discusión continuó, con mi madre observando en silencio desde una esquina de la cocina. Finalmente me harté.

—Mira, si me vas a molestar tanto, ¡me largo de aquí! —exclamé.

Más que nada, mi padre era el tipo de hombre que se negaba a retractarse cuando lo enfrentaban. Tan pronto pronuncié esas palabras, él replicó.

—Oh, ¿en serio? ¡Entonces lárgate de aquí! ¿Quieres irte? ¡Pues vete!

—¡Muy bien! —gruñí y me dirigí a la puerta, aturdido y furioso.

En ese momento, mi madre entendió que yo no estaba bromeando y saltó de su silla. Atravesó la cocina en un instante y se colgó de mi brazo, rogando.

—¡Oh Dios mío, por favor, hijo, por favor no hagas esto!

Seguí mi camino fuera del restaurante con mi madre aferrada a mí.

—¡Déjame, mamá! —le dije, tratando de desprenderme de ella.

—No puedes dejar que se vaya —le gritó ella a mi padre, llorando a mares. Luego se volvió nuevamente hacia mí—. ¡Por favor, hijo, no hagas esto!

Para los transeúntes, debió parecer una escena de película de tiras cómicas, con esa mujer aferrándose a su hijo como si de ello dependiera su vida. Pero yo estaba más allá de todo.

—Lo siento, mamá, pero tengo que salir de aquí por un tiempo —le dije y logré liberarme de ella el tiempo suficiente para subir al coche y alejarme.

La cafetería estaba unida al edificio donde teníamos nuestro apartamento y tuve que regresar al día siguiente para recoger algunas cosas. Cuando volví, mi padre estaba allí. Su ira se había calmado lo suficiente para disculparse conmigo.

—Por el amor de tu madre, tienes que quedarte —me dijo.

Yo también me había aplacado. Sabía que él tenía razón; mataría a mi madre si me iba. Yo era su único hijo. Su máxima prioridad siempre había sido cuidar de mí y a algunos podría parecerles que era muy tradicional, ya que tenía solamente una educación de sexto grado y pasaba todas sus horas de trabajo ya fuera ayudando a mi padre en el restaurante, cuidando de nuestra casa o socializando con unas pocas amigas íntimas, y hacía muy pocas cosas ella sola. Sin embargo, era una mujer muy inteligente, con mucho sentido común, y tan tenaz y obstinada como mi padre. Tal vez más.

Esto era especialmente cierto cuando quería hacerme ver que estaba cometiendo un error con mis opciones de estilo de vida, como en ese momento. Ella no quería que me mudara y movería cielo y tierra para que siguiera viviendo en casa.

También quería que terminara con Samantha. En ese momento habría dicho que tal vez actuaba como lo hacía porque me protegía mucho siendo su único hijo y estaba muy apegada para dejarme ir. Sin embargo, más tarde la vi comportarse de la misma manera con otras mujeres con las que salí, cuando sentía que era hora de desprenderme de la persona con la que estaba saliendo y seguir adelante, porque estaba haciendo perder el tiempo a todos.

En cualquier caso, con Samantha mi madre me hizo saber inmediatamente, en términos muy claros, que esa chica no era para mí. Ellas no lograban comunicarse —Samantha no hablaba español y mi madre se abstenía de usar el poco inglés que sabía cuando estaba con Samantha—, pero mi madre estaba decidida.

—Simplemente no te conviene —decía—. Termina con ella. No tienen nada en común y de todos modos, ¿qué le ves?

Cuando Samantha estaba en la casa, mi madre nunca dijo nada abiertamente grosero pero su comportamiento —generalmente tan cálido y acogedor— se alteraba completamente. Decía mucho a través de su lenguaje corporal y expresión, y era tan alienante y distante como podía. Sabía levantar un muro muy fuerte cuando quería y yo sabía que era su manera de decirme "esta persona no es para ti. Te ayudo a decidir, Jon, porque sé lo que es mejor para ti".

Nunca le reclamé a mi madre su comportamiento, pero pronto dejé de llevar a Samantha a la casa. A pesar de ello, saber que mi madre no aprobaba a Samantha era difícil para mí, especialmente porque sabía que probablemente tenía razón. Ya había comenzado a notar a otras chicas. Simplemente no sabía cómo poner fin a las cosas con Samantha, puesto que nunca había terminado con ninguna novia y una parte de mí todavía se sentía afortunada de estar con alguien.

Nuestra relación había alcanzado un punto muerto en mi último año de universidad, cuando tuve un accidente al regresar a casa de una fiesta con Samantha. Para ser justos, creo que alguien puso algo en su bebida, pero aún así fue una escena horrible. Comenzamos a pelear por algo y ella se descontroló totalmente, de una manera que yo nunca había visto antes.

Empezó a regañarme y, en medio de la discusión, se quitó un zapato y comenzó a golpearme en la cabeza con él. Yo sangraba, pero en realidad no podía detenerme porque estábamos en una autopista.

—¡Basta! —le grité—. ¡Detente! ¡Vas a causar un accidente!

Fue inútil. No podía controlarla y terminé haciendo un trompo en el medio de la autopista. El auto se deslizó al lado de la carretera y unos minutos más tarde un policía que pasaba se detuvo para ver qué sucedía.

Cuando el policía vio que yo estaba sangrando y que mi novia estaba totalmente fuera de sí, nos pidió explicar la situación.

—¡Me estoy volviendo loca! —le gritó Samantha—. ¡Hágale una prueba de alcohol!

El oficial me hizo salir del coche y hacer un examen de sobriedad. Por suerte, no había bebido; incluso en la universidad no era muy fiestero.

—¡Hágale la prueba otra vez! —insistió Samantha—. ¡Estaba bebiendo!

La suerte estuvo de mi parte. El policía sólo meneó la cabeza.

—Será mejor que lleves a tu novia a casa —me dijo.

No mucho después de graduarnos, Samantha y yo nos dimos cuenta de que realmente no teníamos futuro juntos. Le molestaba que no tuviera tiempo para ella porque estaba cantando en clubes casi todas las noches, enseñando durante el día y haciendo cualquier tipo de trabajo para obtener experiencia y ganar dinero. Ella también estaba trabajando duro en su carrera musical y no había forma de que tuviéramos suficientes horas para compartir una vida juntos. Además, mi estilo de vida me llevaba a conocer todo tipo de mujeres en los clubes.

Finalmente Samantha me llamó un día y me dijo:

—Suficiente. Estoy harta de que me engañes y no tengas un minuto para verme —exclamó.

Al colgar me sentí terrible, culpable y triste de que la hermosa burbuja de nuestra relación hubiese estallado. Pero, al mismo tiempo, sabía que Samantha había hecho lo correcto. Las cosas no habían funcionado entre nosotros por mucho tiempo y nos estábamos apartando.

Por esa época, comencé a componer en serio y participé en un concurso de composición de canciones, *El Festival del Sol de*

Miami. Lo que me atrajo de esa competencia fue que uno de los primeros premios era la oportunidad de hacer un disco de demostración: uno de los patrocinadores había acordado dar al ganador cien horas de tiempo en su hermoso estudio de grabación en el centro de la ciudad.

El concurso se consideraba internacional. Mientras casi el noventa y ocho por ciento de los participantes escribió y cantó sus canciones en español, yo, fiel a mi historia, escribí y canté mi canción "Return" en inglés. Para mi asombro, esa fue la obra ganadora.

Por desgracia, siendo mediados de los años ochenta en Miami, no tuve la oportunidad de reclamar mi premio de tiempo en el estudio. El uso de alcohol y drogas era rampante, especialmente en las industrias de la música y el entretenimiento. No era raro ver pasar alcohol, cocaína y otras drogas incluso durante las sesiones de trabajo en los estudios de música.

Siempre he tratado de controlar mi consumo de alcohol, principalmente porque mi padre siempre dejó claro que, en su familia, la adicción al alcohol había sido un problema. Su madre era una fiestera y le encantaba beber. Y mi tía, la cantante Moraima Secada, murió de complicaciones asociadas con una insuficiencia hepática como consecuencia de su excesivo consumo de alcohol.

Las drogas tampoco me atraían, a pesar de que el uso de drogas era considerado algo normal entre aquellos con un cierto nivel de vida en Miami. Me crié viendo a mis padres trabajar tan duro por todo lo que teníamos que mi inclinación era mantenerme siempre en el camino recto de la disciplina y el sacrificio.

A diferencia de muchos de mis amigos músicos y colegas, nunca pensé que las drogas podrían ayudarme a ser más creativo o a ampliar mi círculo social, así que siempre estuve en la periferia en las situaciones en que las drogas eran el centro de atención. Y, si las cosas parecían ir demasiado lejos, yo me alejaba. Pero la mayoría de la gente que había tenido éxito en el negocio del entretenimiento en aquella época pensaba de otra manera, incluyendo al dueño de ese hermoso estudio musical. Antes de que pudiera reclamar mis horas de grabación, el propietario fue detenido por narcotráfico y tuvo que cerrar su estudio.

Esa fue una gran decepción. Había trabajado mucho en esa canción y ese tipo de oportunidad no se presenta muy a menudo. Aun así, no había nada que pudiera hacer excepto seguir adelante y esperar que apareciera algo mejor. El giro positivo que tuvo el evento fue que ganar el concurso era una forma increíble de sumar créditos a mi currículum como músico. Si nada más, mantendría mi nombre circulando entre la gente del medio. Más importante todavía, esa fue mi primera conexión con Rudy Pérez, uno de los jurados del concurso, con quien tendría una relación de toda la vida.

Mientras yo me transformaba en un músico trabajador, mi padre estaba sufriendo su propia transformación. Se produjo en el transcurso de tres meses y nos sorprendió a todos.

Nunca habíamos sido una familia que asistiera a la iglesia. En la escuela secundaria, había estudiado y practicado con un amigo que era Testigo de Jehová pero, cuando llegó el momento de ser bautizado, me di cuenta que había ciertas creencias que no podía apoyar así que no lo hice. Mi madre creía en Dios, pero no tenía conexión con ninguna iglesia. Tampoco mi padre; su punto de vista tendía a ser más mundano que religioso.

Sin embargo, un día hacia el final de mis estudios de postgrado, papá me pidió que me sentara con él en la sala de estar.

—Hijo, tengo que decirte algo —comenzó—. Hace unas cuantas noches, en medio de la noche, tuve una visión muy especial. Tuve una aparición y supe que era Cristo. Mi espíritu le pertenece desde entonces. Hijo, soy un cristiano renacido.

Me quedé sin palabras. Finalmente, cuando le hice preguntas acerca de su experiencia, me contó que un cliente regular de la cafetería lo había visto de mal genio. Ese hombre le dio una Biblia e insistió en que empezara a leerla.

—Leímos pasajes juntos —continuó mi padre— poco a poco, durante un período de pocos meses. Eso fue lo que llevó a Cristo a mi corazón.

Papá había experimentado dificultades toda su vida y su ira provenía de un lugar oscuro. A menudo perdía el control en las discusiones a gritos con mi madre. Ahora, mientras me contaba su experiencia y yo reflexionaba sobre mis últimas visitas, me di cuenta de que realmente parecía un hombre diferente. Ya no había rabias repentinas. Ni siquiera le había vuelto a hablar bruscamente a mamá. Más bien parecía tranquilo y pensativo.

En ese entonces, papá estaba cerca de los sesenta años. Desde ese momento, lo vi rezar con creciente frecuencia y fervor. Al principio era extraño verlo orar con tanta profundidad. En ocasiones incluso habló en lenguas. Papá estaba resuelto a convertirse en el mejor cristiano posible.

Al principio me pregunté si estaba dispuesto a estar con un padre que era tan radicalmente diferente de aquel con el que había crecido, uno que ahora tenía un punto de vista cristiano fundamentalista. Gradualmente, sin embargo, me acostumbré y él pareció asentarse en su propia fe. También vi cuánto ayudaba su nuevo enfoque espiritual de la vida al matrimonio con mi madre. En vez de pelear por todo, la trataba con respeto y reprimía su mal genio, y con el tiempo, su deseo de aconsejarme espiritualmente se convertiría en una poderosa fuerza en mi vida.

Desde entonces, toda conversación entre nosotros comenzaba en la misma forma: con mi padre diciendo:

—Hijo mío, ¿cómo estás? Cuéntame lo que te pasa. Estoy aquí para escuchar.

Notablemente, él escuchaba con una nueva intensidad mientras le contaba lo que estaba pasando en mi vida. Después, me decía:

—Agradece a Dios y a Jesucristo por todo lo que tienes —y me recordaba que mis problemas sólo eran tan grandes como yo los hiciera. Luego me ofrecía unas líneas de las escrituras y rezaba por mí. Como siempre, mi padre estaba cuidando de mí y saberlo hacía que mis luchas fueran más fáciles de manejar.

Tuve la suerte no sólo de ser un cantante bilingüe, sino también de estar en Miami, que se había convertido en un centro para importantes empresas que iban entendiendo que sus campañas de publicidad debían ser en español y en inglés. Y dado que muchas de estas campañas multinacionales requerían cantantes sindicalizados, mi trabajo con ellos fue mi introducción a recibir regalías por mi trabajo.

Musicalmente, Miami se estaba convirtiendo en un imán para las grabaciones de estrellas de primer nivel, especialmente aquellas que reconocieron que la ciudad era la puerta de entrada al mercado latino. Cada vez más artistas se percataban de que Miami era un lugar de acontecimientos y una hermosa, vibrante y cosmopolita ciudad. Nuevos estudios de música surgían como hongos, atrayendo no sólo músicos sino también productores e ingenieros de alta calidad.

Los Bee Gees eran uno de los más reconocidos grupos pop que se sentían en casa en Miami. El grupo británico se había convertido en estrella internacional a finales de los años sesenta, haciendo su primera aparición en *The Smothers Brothers Comedy Hour* en 1968 y componiendo éxitos como "How Deep is Your Love", "Stayin' Alive" y "Night Fever" a finales de la década de 1970. En 1983, los Bee Gees grabaron las canciones para la película *Staying Alive*, protagonizada por John Travolta.

Uno de los miembros de los Bee Gees, el vocalista y compositor Barry Gibb, también se había convertido en productor, usando su Middle Ear Studio con sede en Miami para producir tanto sus propias grabaciones como canciones para otros artistas. Yo era un gran admirador suyo, así que imaginad mi sorpresa y alegría cuando la Universidad de Miami recibió una llamada de un productor de Middle Ear Studio preguntando si tenían algún vocalistas que pudiera traducir canciones del inglés al español, y la universidad me recomendó a mí.

Barry Gibb había escrito una canción que ya había sido traducida al español para uno de sus nuevos álbumes como solista; ahora necesitaba alguien que le ayudara a cantarla correctamente. Cuando entré a Middle Ear Studio, ¡todavía no creía que esa persona fuera a ser yo! La primera persona que me recibió fue el gran productor Joe Galdo, que más tarde terminaría trabajando con Emilio Estefan como uno de sus productores iniciales para Gloria Estefan y la Miami Sound Machine. Luego Barry Gibb entró a la habitación. Yo tenía sólo veintidós años en ese momento y realmente no sabía qué decir o pensar sobre la escena, así que mantuve mi boca cerrada y los dejé hablar a ellos. La realidad era que estaba muerto de miedo.

Inicialmente, Joe me pidió que cantara la canción en español para que Barry la escuchara y pudiera escuchar mi acento y entonación de la canción. Mientras me miraba cantar, traté de concentrarme en la música y mi respiración para evitar quedar paralizado por el hecho de estar en presencia de un miembro de los Bee Gees, uno de los grupos musicales más importantes de todos los tiempos.

Luego llegó el turno de Barry de cantar y descubrí el secreto de su éxito: era un profesional consumado. Mientras cantaba, me pedía mi opinión.

—¿Estoy pronunciando bien las palabras? —preguntó Barry una y otra vez—. Te invité porque, como puedes ver, realmente necesito tu ayuda.

Y cada vez que lo corregí, él volvía a repetir la canción.

—¿Cómo está eso? ¿Mejor? —preguntaba. De hecho, su español era bastante bueno y, con mi ayuda, su acento prácticamente desapareció.

Fue una tarde increíble en todos los sentidos. Fue mi primer contacto con un gran artista y quedé impresionado por lo cálido y amable que fue conmigo, no sólo mientras trabajamos juntos sino también después.

Al final, cuando ya salía, Barry se volvió hacia mí y me dijo:

—Gracias, hombre. Oye, cuando quieras utilizar mi estudio para hacer un demo o lo que sea, llama a mi representante y, si nadie más lo está usando, puedes venir aquí y grabar.

—Sí, está bien —respondí, asintiendo con la cabeza para ser cordial y sonriéndole, pero al mismo tiempo seguro de que sólo estaba siendo educado.

Debió imaginar lo que yo estaba pensando, porque me detuvo y exclamó:

—¡No, escucha, escucha! Lo digo en serio. Cuando quieras, si el estudio está disponible, ven y has algunos demos si puedes. Aquí eres bienvenido. Lo digo en serio.

Lo miré a los ojos, sorprendido y abrumado por su sinceridad.

—Gracias, Barry —dije.

Nunca tuve la oportunidad de utilizar su estudio, pero ese fue un momento hermoso de mi carrera. Años después, cuando me topé con él, le dije cuánto había significado para mí que me tratara con tanto respeto y generosidad, pero él simplemente se rió y dijo:

—Lo siento, ni siquiera recuerdo ese día.

—Yo sí —le dije—, y tengo que agradecérselo. Ese día me dejó un buen recuerdo, sabiendo que alguien de su nivel podía tener el ego en el lugar correcto.

En muchos sentidos, Barry se convirtió en uno de mis modelos más importantes desde ese día: un cantante pop y compositor que producía a otros artistas y, sin importa cuánto éxito tuviera, siempre trataba a las personas amablemente.

A mediados de los años ochenta, Rudy Pérez era conocido en Miami como el cantante preferido que hacía un montón de trabajo en sesiones y jingles. Comenzaba a surgir como compositor y artista. Después de conocerme en el concurso, Rudy me recomendaba a otras personas cuando estaba demasiado ocupado o, más tarde, cuando le ofrecían trabajos que ya no podía hacer a medida que accedía a mayores y mejores oportunidades.

Un día, Rudy me llamó para que cantara con Lissette Álvarez, una popular cantante cubana y presentadora de Telemundo, casada con Willy Chirino, el ganador del premio Grammy. Edito Martínez, el productor de Lissette, quería que yo cantara con ella en una grabación en español de la canción de Bonnie Tyler "Total Eclipse of the Heart".

Yo estaba realmente muy enfermo de un resfriado, pero no podía dejar pasar la oportunidad de trabajar con Lissette. Hice todo lo posible para curar mi voz antes de la sesión. Esta sería mi primera oportunidad para que mi nombre como cantante apareciera en un disco de un artista importante y no iba a desperdiciarla.

International Sound Studio, donde grabaría la segunda voz para Lissette, estaba localizado en North Miami Beach. (Más adelante en mi carrera, acabé siendo el dueño de ese estudio durante un tiempo.) Llegué sintiéndome ansioso y emocionado a la vez, sabiendo que mi desempeño de ese día podría influir muchísimo en mi carrera. Esto era mucho más importante que hacer otro jingle o actuar en un bar.

Afortunadamente, la sesión salió muy bien. Trabajar con Lissette fue maravilloso; desde entonces, ella ha producido más de una treintena de discos, ocho de los cuales han ganado oro. Cada vez que nos hemos visto a través de los años, me tomo el tiempo para decirle otra vez cuánto aprecié esa primera oportunidad que me dio.

Como cualquier artista sabe, si trabajas con más gente conoces más gente. Así es cómo se hacen las carreras. Después de grabar con Lissette, comencé a estar más ocupado. Cuando Rudy Pérez siguió su camino, me convertí en el vocalista principal al que recurrían los estudios de Miami para hacer sesiones así. Además de trabajar con otros artistas, seguía haciendo jingles y canciones en español o inglés como publicidad para todo tipo de cosas, desde panqueques hasta cruceros. Para algunos de esos debía cantar la música de oído, para otros tenía que leer música. Cantara lo que cantara, me enorgullecía mi creciente flexibilidad y capacidad como artista.

Sin embargo, por esa época sufrí un rechazo que casi me rompió el corazón y me hizo cuestionar mis habilidades como cantante de jazz. Apenas terminé mi maestría en interpretación vocal de jazz, recibí una llamada para asistir a una audición para Pat Metheny, músico de jazz y el líder del emblemático Pat Metheny Group. Yo había sido un gran admirador de Pat debido a la manera en que su estilo incorpora jazz contemporáneo y progresivo, jazz fusión y jazz latino.

Pat también asistió a la Universidad de Miami, así que era natural que su mánager llamara a la Universidad cuando necesitaron reemplazar a Pedro Aznar. La universidad le dio mi nombre y cuando recibí la llamada me sentí honrado y casi quedé sin habla de la emoción. La oportunidad de hacer una audición para este gran artista del jazz internacional —que eventualmente ganó veinte premios Grammy, además de muchos otros honores— representaba todo lo que había estado buscando con mi duro trabajo. Lo vi como la culminación de seis años de estudio y, posiblemente, el lanzamiento de mi carrera como cantante de jazz.

Pat Metheny me llevó de Miami a Boston, donde su mánager

me recogió y me llevó directamente desde el aeropuerto a la bodega donde practicaban. Me habían dicho con anterioridad lo que podía esperar de la audición y qué querían que cantara. En consonancia con las costumbres que había desarrollado en la universidad y escuela de posgrado, había transcrito laboriosamente las partes vocales a notación musical. Estaba decidido a entrar a esa audición tan preparado como me fuera posible.

Aún así, estaba nervioso. ¿Qué sucedería si arruinaba esta increíble oportunidad?

Pat y los otros cuatro tipos de su banda hicieron todo para tranquilizarme cuando llegué. Pat fue absolutamente adorable, con su famosa melena oscura, un cuerpo alto y desgarbado, y una enorme sonrisa en el rostro. La presencia de Pat, entonces y hoy día, era de paz y tranquilidad.

Hicimos cuatro canciones y todo el mundo elogió mi audición. Cuando terminamos, Pat me dijo:

—Hombre, hiciste un buen trabajo. Sonabas muy bien. Nos pondremos en contacto contigo.

Volé a casa sintiéndome aliviado de que la audición ya hubiera pasado, pero aún con dudas acerca de cómo me iría frente a los otros músicos que podrían hacer la audición.

Aproximadamente una semana más tarde, Pat me llamó.

—Tu audición fue buena, hermano, y me encantan tu energía y tu pasión. Tu entonación es como de un setenta por ciento y el problema es que necesito que sea cien por ciento. Sin embargo, nos gustaste tanto a mí y a los chicos, que queremos traerte a Boston otra vez. ¿Te parece bien?

Colgamos y me consoló que quisieran escucharme otra vez, pero quedé frustrado pensando que musicalmente tal vez no estuviera a la altura.

La segunda vez que volé a Boston, estaba menos nervioso. Canté igualmente bien o quizás mejor que la primera vez, pero después Pat me llamó a darme las malas noticias. Tras darme las gracias por haber ido a la audición, fue lo suficientemente amable para darme una excusa para explicar por qué no me querían en su banda:

—Eres un gran cantante y muy apasionado, como he dicho antes, pero he decidido que quiero alguien que también pueda tocar un instrumento.

Quedé destrozado. En el fondo, sabía lo que Pat estaba diciendo: no era lo suficientemente competente como vocalista de jazz para unirme a ellos. Eso me partió el corazón. Todo lo que había pensado sobre mí mismo, que era un cantante entrenado que algún día podría ganarme la vida solamente cantando jazz, cambió para siempre a partir de ese momento. Por el contrario, tendría que convertirme en un cantante más diversificado y seguir trabajando en mi musicalidad.

No importaba si era o no verdad... esa era mi verdad.

Lo que no sabía en ese momento era que ese rechazo —como todos los rechazos, realmente— sólo serviría para hacerme más fuerte si le daba un giro positivo. De alguna manera logré calmarme y hacerlo. Me recordé a mí mismo que estaba haciendo lo que estaba destinado a hacer: hacer música y ayudar económicamente a mis padres, devolviéndoles un poco de lo mucho que ellos me habían dado.

Así que seguí adelante obstinadamente, aceptando todos los trabajos que se presentaban, ya fuera cantando jingles y haciendo sesiones de trabajo como cantante de fondo, actuando en clubes nocturnos o dando lecciones de voz. También me propuse ir a oír música en vivo las noches que no tuviera que trabajar, porque observar a otros artista también era un forma de educación.

Una de mis bandas favoritas tocaba en los clubes de Miami en aquella época: Company, una banda de los Top 40. Yo era gran admirador suyo, no solamente porque la mayoría de ellos eran mis colegas de la Universidad de Miami, sino también porque creía que eran el mejor conjunto de músicos que tocaban en Miami, punto.

Uno de los miembros de la banda, Ed Calle, era buen amigo mío. Alrededor de 1985, cuando Ed se retiró de Company para hacer algunas giras, convenció a los otros miembros de la banda para que me dejaran trabajar con ellos. No podía creer mi suerte.

Unirme a ese grupo me llevó a ejercitar mi musicalidad en incontables formas nuevas. Como uno de los dos cantantes de la banda, estaba resuelto a desempeñarme en el mismo nivel que los otros miembros. Esa banda era tan buena musicalmente hablando en parte porque todo lo que hacían estaba registrado por escrito. Escribían meticulosamente sus canciones, transcribiendo todo —desde los redobles hasta los cambios de acordes y cortes de ritmo—, cosa que no hacía ninguna otra de las bandas que conocía en la ciudad.

Los miembros de Company lo hacían porque todos eran excelentes músicos que se aseguraban de que todo lo que hacían fuera musicalmente visible en papel, para mantener su rumbo y poder reemplazar a alguien en un espectáculo si otro músico se retiraba. Gracias a que eran tan exigentes, todo lo que Company tocaba sonaba como si estuviera listo para ser grabado.

Cuando me uní al grupo, esa práctica me impresionó tanto que también la adopté. Si escuchaba en la radio una canción que yo o la banda quería tocar, escribía las partes para todos en la banda. Joy Francis, la otra cantante de la banda, no podía hacerlo así que yo le ayudaba a escribir partes para sus canciones.

Cantar y trabajar con Company fue un desafío, incluso difícil al principio, pero capturaba todo lo que había estudiado y quería usar en un ambiente de trabajo. Sentí que realmente había encontrado mi lugar. Me veía a mí mismo como un jugador de equipo, un músico como los otros miembros de la banda, aunque mi único instrumento fuera mi voz.

Ahora, cuando pienso en ese primer rechazo y la forma en

que seguí adelante, me doy cuenta de que fue la primera vez que tuve que levantarme, quitarme el polvo y seguir adelante después de que mi ego había sido seriamente aporreado. Les doy crédito a mis padres por darme esa habilidad para volver a levantarme tras una gran decepción. A pesar de que el gobierno cubano intentó doblegarlos y luego les quitó todo, a pesar de las dificultades financieras y luchas que habían tenido que dar al llegar a este país, mis padres habían salido adelante.

"Todos somos humanos", solía decir mi padre. Estamos condenados a vivir períodos de decepción. Pero si una situación determinada no funciona, uno simplemente pasa la página y sigue adelante.

Eso fue lo que hice y caí en brazos de Company. Había logrado mi objetivo de convertirme en maestro y músico en Miami, haciendo oír mi voz.

PARTE II

Un músico trabajando en Miami

CAPÍTULO SEIS
Cree en ti

La música latina estaba en pleno esplendor a mediados de los años ochenta y en ningún lugar relucía más que en Miami. La explosión latina, y en particular la escena musical latina, significó que Miami fue ganando una reputación internacional de ciudad atractiva, activa e importante centro para las artes. José Feliciano y Julio Iglesias habían demostrado que los cantantes hispanos podían ingresar al mercado anglosajón. Feliciano y Santana habían estado rondando por un tiempo, pero Julio con sus baladas y atractivo internacional comenzó a allanar el camino para que el sonido latino se infiltrara en el mercado pop. Él tenía una casa en Miami y South Beach estaba comenzando a surgir como un lugar deseable para estar.

Pero las dos personas que verdaderamente rompieron barreras y prepararon el terreno para lo que hoy es la escena musical latina fueron Emilio y Gloria Estefan. Un verdadero visionario y ganador de 19 premios Grammy por producción, Emilio es considerado al padrino de la música latina y responsable de la formación y desarrollo de las carreras de algunas de las más importantes estrellas, incluyendo la de su esposa Gloria, uno de los artistas más vendidos de todos los tiempos y la artista latina híbrida más exitosa hasta la fecha, con siete Grammys. Para ellos, todo empezó con Miami Sound Machine, la leyenda del pop.

Miami Sound Machine comenzó como una banda local, con Emilio como su líder. El grupo comenzó a grabar y difundir varios álbumes en el sello Audiofon Records y lanzó su primer álbum con Epic/Columbia, *Eyes of Innocence*, en 1984.

Lo que hizo destacar a Miami Sound Machine fue el incansable compromiso de Emilio para seguir potenciando lo que la banda representaba en términos del nuevo interés mundial en los sonidos latinos. Eventualmente, esa visión incluyó poner a Gloria en el centro de atención como vocalista de la banda, una posición que realmente merecía como una de las más talentosas, ambiciosas y apasionadas cantantes de la época.

Cuando yo trabajaba con Company en Miami, Gloria estaba definitivamente en ascenso y cada vez más brillante. Su segundo álbum en inglés, *Primitive Love*, la había convertido en una verdadera artista internacional, con tres de las canciones llegando muy rápidamente a los Top 10 del *Billboard* Hot 100: "Bad Boy", "Conga" y "Words Get in the Way".

En aquella época, varios barrios alrededor de Miami ofrecían la posibilidad de escuchar diferentes sonidos. Uno iba a ciertas partes de la ciudad si quería escuchar música Top 40, mientras otros lugares ofrecían salsa o jazz. La noche en que Emilio fue a ver a Company, estábamos tocando en un lugar llamado Raffles, un restaurante en lo que entonces era la sección anglosajona de North Miami Beach.

No vi a Emilio entrar a Raffles. No se hizo notar; creo que quería hacerse el que había entrado por casualidad. Aún así, la noticia se extendió rápidamente y a todos nos entusiasmó oír que Emilio —cuya reputación como empresario musical ya era excelente— había estado en el club esa noche. La bomba cayó unas semanas más tarde cuando Jorge Casas, el bajista, anunció que Emilio quería contratar a todos los miembros de Company, excepto a Joy, el baterista y a mí.

Eso era un motivo de celebración para la banda. Nos habíamos hecho buenos amigos y sabía lo qué este golpe de suerte podría representar para sus futuras carreras. Participé alegremente en la celebración, a pesar de mi propio pánico por el repentino cambio en mi situación. Entendía que Emilio había llegado a Company porque tenía vacantes específicas en Miami Sound Machine: un bajista, un guitarrista, un trompetista y así sucesivamente. No necesitaba otro cantante, así que yo no le interesaba. Tampoco sentí ningún rencor hacia mis amigos. Si estuviera en sus zapatos, habría hecho lo mismo.

Aún así, no podía dejar de preguntarme qué haría ahora. Cantar con Company se había convertido en mi trabajo principal, uno de los pilares de mis ingresos y un trabajo que disfrutaba. Jorge nos había dicho cuándo sería su último día con nosotros y ese día no estaba lejos. Si quería seguir haciendo estos conciertos, tendría que buscar músicos para reemplazar las vacantes en Company.

Lo que siguió fue un período de ansiosos afanes, en el que los tres miembros restantes de la banda contratamos músicos para sustituir a nuestros amigos. Esa fue una de mis primeras lecciones en cómo funciona el negocio del entretenimiento: justo cuando crees que tienes las cosas organizadas a tu gusto, alguien te quita la silla y caes al piso. Entonces, la única opción es desistir o levantarte y encontrar otra silla.

Después de hablar con los compañeros del grupo que quedaban, nos convertimos todos en mánagers extraoficiales de Company. Ahora era nuestro problema gestionar nuestros compromisos e ingresos. Durante ese tiempo aprendí mucho sobre el proceso de gestión y entendí lo difícil que es.

Incluso mientras entrevistábamos candidatos para la banda y reorganizábamos Company a nuestro gusto, seguí tocando a todas las puertas que pude encontrar para promover mi carrera como solista, esperando conseguir algún contrato de grabación. Había terminado una serie de demos y quería promocionarlos.

De hecho, no eran realmente demos, sino pistas completas grabadas, mezcladas y masterizadas; mis padres habían hecho grandes sacrificios para ayudarme a financiarlas. Para entonces, habían entendido que yo estaba totalmente comprometido con mi carrera en la música, a pesar de su preocupación por mi estabilidad financiera.

Cuando pensé que los demos estaban tan pulidos como podría hacerlos por mi cuenta, los llevé a la división latina de lo que entonces se llamaba CBS Records y más tarde se convertiría en Sony Music. Allí logré que uno de los ejecutivos, un excelente tipo llamado Angel Carrasco, se interesara en contratarme. Sentí que finalmente estaba en el camino correcto y al borde de tener mi propio contrato de grabación: sobre todo pistas en español con un par de canciones inglesas en la mezcla.

Aún así, no me permití bajar el ritmo. Continuamente le pedía al jefe del departamento que me diera más cursos para enseñar y cantaba todas las noches. Esos horarios absurdos casi fueron mi fin, ya que mi cansancio me llevó al borde de la muerte.

Todavía estaba haciendo discos de demostración durante el día y trabajando como cantante de fondo, haciendo jingles, enseñando, actuando y tratando de mantener en pie a Company tras la salida de parte de sus miembros. Eso significaba que conducía por toda Florida día y noche, dado que los conciertos de la banda eran cada vez menos y más distanciados.

Una noche conducía a Miami después de una actuación en Homestead, una ciudad a una hora de la casa de mis padres. Era media noche y diluviaba. Yo tenía un Mazda RX-7 y Dios debe haber estado cuidando de mí. La combinación de velocidad en la autopista y toda esa lluvia casi fue fatal: el coche patinó y perdí totalmente el control.

El coche hizo no uno sino dos giros de 360 grados sobre la autopista y se estrelló contra la barrera de la carretera. Por suerte nadie resultó herido. Un camionero se detuvo para verificar que estaba bien y luego conduje lentamente el resto del camino a casa.

Ese accidente que me llevó tan cerca de la muerte me hizo comprender lo cansado que estaba y lo caótica que había llegado a ser mi vida, así que cuando Emilio me llamó poco después de ese accidente para pedirme que fuera al estudio a hacer algunos trabajos para él, estuve más que listo para escuchar.

Habían pasado unos seis meses desde que Emilio contrató a los otros miembros de Company y, al parecer, le habían hablado de mí. Le contaron de mis habilidades técnicas y mis composiciones. Él estaba listo para pensar en la expansión de su compañía de producción e incluso para buscar nuevos talentos para administrar, además de Gloria y Miami Sound Machine.

Yo me había topado a Gloria aquí y allá en Miami, normalmente en alguna sesión de grabación, y habíamos tenido algunas conversaciones casuales, pero nunca había hablado con Emilio antes de esa llamada telefónica.

—Hola, soy Emilio Estefan —dijo. Luego, sin ningún preámbulo, prosiguió—: Juan, creo que podemos trabajar juntos. ¿Qué tal si vienes y hablamos?

Experimenté una mezcla de emociones. Estaba más allá de sentirme halagado porque Emilio me llamara —su reputación en Miami crecía día a día— pero también estaba en un punto en mi carrera con el que me sentía satisfecho. Me veía como un músico al estilo de los educadores que tanto respetaba en la Universidad de Miami. Estaba haciendo exactamente lo que quería hacer.

Me conocía a mí mismo lo suficiente para saber que, para trabajar con alguien, tendría que sentir una cierta química sinérgica.

Esa persona tendría que compartir mi visión de lo que yo quería llegar a ser como artista.

La primera persona a la que pedí consejo después de la llamada de Emilio fue Jorge Casas. Él había estado trabajando con Emilio y Miami Sound Machine desde que dejó Company. También era alguien a quien realmente respetaba cuando de instintos en el negocio se trataba.

—¿Qué opinas? —le pregunté, después de contarle sobre la invitación de Emilio.

—Como todo lo demás, podría ser una buena oportunidad para ti —reconoció. Luego me dijo algo que mi padre podría haber dicho—: Mira, a lo largo de tu vida se presentarán siempre nuevas oportunidades, sin importar la decisión que tomes ahora. Escucha lo que Emilio tiene que decir, pero toma todo con una pizca de escepticismo y luego decide. Acepta la oportunidad que te está presentado sólo si te atrae. Es una decisión muy personal. Haz lo tuyo, mantén expectativas realistas y tómalo con calma.

Ese sigue siendo uno de los mejores consejos sobre el negocio de la música que he recibido en mi vida.

En aquel tiempo, la oficina de Emilio seguía estando en la casa de su madre en Miami. Para ser exactos, era un espacio abarrotado en su garaje. Las paredes de la oficina estaban cubiertas con carteles y su hermano, José Estefan, era la mano derecha de Emilio en el momento.

Emilio no es un hombre alto, pero emite ondas de energía pura que están casi, pero no del todo, fuera de control. Siempre ha tenido una cabeza llena de cabello —entonces era oscuro, ahora está pintado con hebras de plata— y sabe cómo vestirse. Emilio siempre ha tenido un gran sentido del estilo, hasta en sus gafas.

La reunión fue un huracán de información. Emilio expuso su visión para mí, mi carrera y su estudio en un solo aliento. Ese aliento duró una hora. Estaba lidiando con un empresario musical con el tipo de fe ciega y confianza necesarias para vender con éxito cualquier cosa en la que creía. Nunca había conocido a nadie como él.

Ese día, Emilio estaba vendiéndome su visión de su negocio y mi lugar en él. Me mostró el autobús de giras de Miami Sound Machine, que estaba estacionado en la calle, y me habló de las emocionantes giras y álbumes que estaba planeando. Él, Gloria y el resto de Miami Sound Machine estaban combinando sonidos pop con trompetas y percusión latinas, algo muy atractivo para las masas. Emilio estaba en un punto donde podía permitirse expandir su pionera empresa de producción y recibía llamadas de artistas en todo el mundo que querían trabajar con él.

Su intención era firmar con nuevos artistas y construir una empresa de compositores y productores musicales. Los miembros de Company eran sus principales productores. Yo sería el primer artista nuevo con el que firmaría. Sin embargo, aún más importante que firmar conmigo como artista, era persuadirme para unirme a su equipo de producción. Yo tenía la profundidad de conocimientos y el entrenamiento que él quería: habilidad para componer, además de la clase de musicalidad que viene de ser músico con una formación académica y artista que había desarrollado su talento practicando el oficio al hacer todos esos jingles y conciertos en clubes nocturnos.

—Mira ese autobús —me dijo—. ¡Podría ser el autobús de tus giras en el futuro! Creo que vas a hacer una gran carrera. Vas a ser un gran artista. Pero creo que debes empezar como compositor. Inicialmente puedes ser un famoso compositor, escribiendo para artistas emergentes, luego puedes tener tu carrera de artista y luego ser una superestrella y tener este autobús. ¿Qué te parece?

—Eso suena muy bien —le dije. Como de costumbre, preferí escuchar y absorber todo lo que decía Emilio para seguir el consejo de Jorge de distinguir en la avalancha de frases en busca de oportunidades que tuvieran sentido para mí.

Lo que realmente me afectó fue la confianza inquebrantable de Emilio. Cuando Emilio cree en algo —esto sigue siendo cierto hoy—, cree tanto en ello que te dirá en un instante todo sobre cómo logrará enfocar su visión del futuro, exponiéndola de la A a la Z en un flujo de conciencia que desentraña y te lleva a ese destino final.

Sin importar si hablaba con el portero, el presidente de Sony, o más tarde con mis padres, Emilio siempre hablaba con la gente del mismo modo, con encanto y energía. Era tan consistente en su entusiasmo que supe que estaba conectado espiritualmente a sus ideas, incluso si esas ideas parecían totalmente inverosímiles a todos los demás.

A lo largo de nuestra conversación, Emilio hizo todo lo que estaba en su poder para hacerme entender en un nivel profundo exactamente lo que sentía que podía hacer por mí. Yo lo absorbí con interés. Aún así, realmente me debatía. Gloria también tenía contrato con el sello CBS, que recientemente había expresado interés en mí como cantante. Yo acababa de terminar y entregarle a Angel mi álbum. Se lo dije a Emilio.

—Bueno, ¿qué tan avanzado está ese trato? —me preguntó.

—Tengo un contrato —admití—. Y ese disco va a salir, supongo, o tal vez ya hayan hecho algunas copias.

En ese punto me di cuenta de lo poderoso que era Emilio, porque simplemente se encogió de hombros.

—Creo que ese disco en particular podría hacerte más daño que ayudarte en este momento de tu carrera —dijo—, sobre todo porque es en español. Primero debes llamar la atención en el mercado inglés con un disco en inglés. ¿Por qué no cancelas el trato? Déjame hablar con Angel.

Ahí fue cuando supe que si me asociaba con Emilio, no sería

tanto un acuerdo como una rendición. Si esa asociación iba a funcionar, tendría que confiar en él para que me guiara.

Firmar con él significaría renunciar a mi autonomía, pero sabía que si alguien podía vender lo que yo hacía en ese momento como cantante y compositor, ese sería Emilio. Lo autoricé para comunicarse con Angel, quien muy generosamente me liberó del trato con CBS, y firmé un contrato de gestión, publicación y producción con Emilio. Aún no estaba dispuesto a renunciar a mis trabajos paralelos, pero sabía que esto sería interesante.

Ese primer encuentro con Emilio siempre destacará en mi memoria porque aprendí una valiosa lección: tienes que creer en tu propia visión del futuro lo suficiente para poder presentarla y vendérsela a la gente. Si vas a arriesgarlo todo por tus sueños, la primera persona que tiene que creer en ti eres *tú mismo*.

CAPÍTULO SIETE
Que la música sea tu primer idioma

Emilio rápidamente comenzó a integrar otros músicos, escritores y productores como piezas esenciales del rompecabezas de producción. Llevaba con él sólo unos pocos meses cuando decidió que su negocio estaba creciendo tan rápidamente que necesitaba encontrar un nuevo espacio.

Nuestro nuevo estudio estaba en un antiguo edificio de consultorios médicos y a cuatro cuadras de donde vivo hoy día. El día que nos mudamos al edificio, había sólo cinco o seis de nosotros; entramos e inmediatamente nos apoderamos de los pequeños cubículos, montando el campamento para producir ideas para canciones. No había absolutamente nada más en el edificio.

Lentamente, Emilio comenzó a construir paso a paso un excelente estudio de producción. Viendo el crecimiento de su negocio, aprecié lo que representaba la productora y el talento creativo colectivo de las personas que formaban parte de ella.

Mis responsabilidades como compositor comenzaron inmediatamente. Emilio adquiría proyectos de todo el mundo y ahora yo tenía la oportunidad de asociarme con otros escritores para crear canciones para artistas internacionales. Si ayudaba a escribir algo que le gustara al artista, la canción podría ser incluida en un proyecto en particular; si se realizaba el proyecto y era acogido por el público, yo ganaría regalías como compositor. Si alcanzaba renombre como compositor, tendría mejor opción de adquirir fama como artista.

Por supuesto, eran un montón de "si". Esos "si" son exactamente lo que hace de la industria musical una empresa tan agotadora: para tener éxito en la música, es necesario tener suficiente pasión creativa y poder de sobrevivencia para resistir hora tras hora de incesante trabajo componiendo, produciendo y ejecutando grandes éxitos.

Emilio dejó claro que no había olvidado mi deseo de tener mi propio contrato de grabación. Pero tenía sus propias ideas acerca del proceso para llegar a eso. La primera me sorprendió: quería cambiar mi nombre.

Un día me llamó a la oficina y me explicó que sería mejor para mí comenzar como un artista internacional de lengua inglesa en lugar de como un artista latino tratando de ingresar al mercado anglosajón, como lo había hecho Gloria.

—Creo que deberías cambiar tu nombre de Juan a 'Jon' antes de enviar cualquiera de tus demos —me dijo.

Al principio me sorprendió pero, después de darle vueltas a la idea durante unos días, empecé a aceptarla. "Juan" era reconocido al instante como un nombre hispano y el tipo de música que estaba escribiendo y quería cantar era música pop estadounidense con infusiones de R&B e, incluso, funk.

También confiaba en los acertados instintos de Emilio cuando de crear una imagen se trataba. Había visto lo exitosa que era Gloria. También había visto los muchos cambios de estilo a los que se había sometido para llegar a donde estaba en ese momento de su carrera. Yo siempre escribía canciones en inglés y, si tener un nombre menos hispano ayudaría a vender esas canciones y tal vez incluso cantarlas yo mismo en el escenario algún día, entonces lo haría.

Sorprendentemente, a mis padres no les pareció que cambiar mi nombre fuera gran cosa. Se habían vuelto tan dedicados a mi carrera como yo y habían visto a muchos compañeros inmigrantes cambiar sus nombres. A partir de ese momento, mi madre solo me llamaba "Jon" y siempre corregía a otras personas cuando cometían el error de decir "Juan".

A nivel cotidiano, mis habilidades de compositor estaban siendo puestas a prueba. Típicamente, Emilio llegaba y nos decía:

—Señores, tengo aquí un gran proyecto. Necesitamos canciones para este artista. ¿Alguien quiere lanzar algo?

Eran proyectos por encargo. Emilio explicaba qué tipo de canciones quería el artista y luego nos pedía que produjéramos ideas. No pasó mucho tiempo antes de que comenzara a ver un gran desarrollo, no sólo en mis escritos sino también en la forma en que colaboraba con otros, y comencé a actuar como mi propio vendedor.

Para mí no hay ninguna diferencia entre escribir canciones para mí o por encargo: siempre he sido capaz de sumergirme en un profundo pozo dentro de mí para llegar a mis emociones. El efecto secundario de haber tenido tanta educación musical era que me sentía lo bastante cómodo para intentar escribir canciones en diferentes estilos. Disfrutaba de las tareas que Emilio me daba y las veía como una forma de impulsarme creativa y profesionalmente.

Sin importar el tipo de artista para el que estaba escribiendo —o incluso cuando no estaba escribiendo para algún proyecto en particular—, siempre me obligaba a completar las canciones que hacía. Estaba decidido a tener disponibles demos de todas las canciones que había escrito para entregárselos a Emilio cuando llegara el momento adecuado. Era como una especie de superhéroe, andando siempre con un estuche rojo lleno de cintas de mis canciones para poder presentarlas en cualquier momento. A veces incluso cargaba una grabadora.

Todo el mundo quería llamar la atención de Emilio; yo llevaba siempre conmigo las cintas para aprovechar los pocos minutos de inactividad que teníamos en el estudio. Cuando se presentaba la oportunidad, arrinconaba a Emilio y le decía:

—Oye, escucha lo que hicimos. ¿Funciona esta canción? ¿No? Bien, ¿qué piensas de esta idea?

Me acostumbré a presentarle mis cosas a Emilio con el mismo nivel de energía que él usaba con otras personas; especialmente los ejecutivos de las grandes compañías discográficas. Eso fue parte de mi proceso de crecimiento en su estudio y estaré por siempre agradecido con él por desarrollar esa faceta de mí.

Poco después de incorporarme a su estudio, por ejemplo, me dio mi primera oportunidad increíble. La productora de Emilio había recibido una llamada de nada menos que un asistente de Don Johnson, el protagonista del popular programa de televisión *Miami Vice* entre 1984 y 1990; otro icono cultural que ayudaba a destacar a Miami en el mapa mundial. Don estaba grabando un álbum y su asistente llamó al estudio de Emilio para preguntar si había alguien que pudiera ayudarle a Don a cantar una de las canciones en español.

José Estefan negoció el acuerdo, luego me llamó a la oficina y me preguntó si me gustaría ser el entrenador de español de Don. Mencionó una tarifa por hora que me asombró, aunque probablemente eran sólo un centenar de dólares por hora o algo así. Cuando acepté —de hecho, me abalancé sobre la oportunidad— José dijo:

—Mira, su asistente dice que el helicóptero te recogerá en un aeropuerto regional cerca a tu casa. Dame la dirección.

Pronto tuve la experiencia surrealista de volar en helicóptero a Star Island, en Miami Beach. *Está bien* —murmuré entre dientes mientras sonreía al ver las calles y casas hacerse diminutas debajo de mí— *estilos de vida de los ricos y famosos, ¡aquí vengo!*

Una vez aterrizamos, me acompañaron a la casa de Don Johnson —una mansión vidriosa, claro— donde su asistente me recibió en la puerta. Luego, de repente, allí estaba el hombre, acercándose a darme la mano y guiarme a su estudio. Cuando pasamos por la sala de estar casi me desmayó de emoción: ahí estaba la actriz Melanie Griffith, su esposa en ese momento, no menos bella o sexy en persona que en la pantalla.

—Oye, Melanie, te presento a Jon —dijo Don casualmente—. Me va a ayudar con una canción.

—Oh, genial —dijo ella y se alejó.

Don estaba trabajando en un dueto con Yuri, la conocida cantante mexicana. Repasamos la canción por un rato. Cuando llegó la hora de irme, me dijo que había disfrutado tanto del proceso que le gustaría trabajar conmigo de nuevo.

—¿Me ayudarías con mi pronunciación en unas cuantas sesiones más?

—Por supuesto, claro que sí —respondí.

De regreso a casa, llamé al estudio y les dije que Don Johnson quería contratarme.

—Hombre, no hay problema, eso suena excelente —dijo José—. Tan solo lleva un registro de las horas y yo les pasaré la factura cuando termines.

Trabajé con Don en uno de los estudios en North Miami Beach durante la siguiente semana. En ocasiones me quedaba solo en el estudio porque Don estaba filmando y atado en el set, pero luego llegaba y trabajaba duro.

Una vez terminamos el trabajo, José Estefan le envió la cuenta a Don: cerca de $2.500 por mi tiempo. Para Don Johnson no era mucho dinero, pero para mí significaba mucho. Esperamos el pago y seguimos esperando.

—Oye, ¿no han mandado el dinero? —le preguntaba a José de vez en cuando, pero la respuesta siempre era:

—No, hombre, todavía no.

Finalmente, José llamó al asistente de Don y luego me hizo una seña. Tenía el ceño fruncido.

—Lo siento, pero aparte de las primeras horas en el estudio de Don, la empresa que lo administra y la compañía discográfica no quieren pagar la factura.

—¿Qué? —No podía creerlo—. Vamos. ¿Habla en serio?

José tampoco lo podía creer.

—Lo siento, Jon, pero están siendo muy poco profesionales en esto. Tendremos que dejarlo pasar. Desgraciado.

Sabía que lo más probable era que Don ni siquiera supiera que no me habían pagado, pero igual estaba muy molesto. ¿Cómo podría no saberlo? Juré que si alguna vez estaba en condiciones de decirle que me debía dinero, lo haría. La oportunidad se presentó años más tarde.

Mientras tanto, me aferré a mi mentalidad de supervivencia *freelance*. A pesar de las horas que pasaba en el estudio de Emilio, continué trabajando como músico en Miami, dando lecciones de voz, componiendo jingles, trabajando como músico de sesiones y cantando en clubes nocturnos. A pesar de que aparentemente Emilio era mi mánager ahora, no quiso ninguna compensación financiera por los otros trabajos que yo hacía; su único interés en mí eran las canciones que escribía para él.

Yo estaba contento a pesar de mis agitados horarios y pesada carga de trabajo. Mis ambiciones habían crecido —quería mejores sesiones de grabación, continuaba pidiéndole al jefe de departamento en el Miami Dade College que me diera más horas de clase, e invertía en componer y hacer demos— pero controlaba mis expectativas gracias a mis mentores de la universidad. Mis profesores me habían enseñado a tener una visión realista del negocio de la música.

Me recordaba constantemente que no todo el mundo puede disfrutar de una exitosa carrera en la música. Tal vez nunca sería reconocido como cantante o compositor. No era un hombre rico y no creía que llegara a serlo. Lo importante para mí era que todavía estaba siguiendo mi sueño, trabajando como músico y haciendo suficiente dinero para pagar las cuentas y ayudar a mis padres. En mi mente, era un éxito.

Había estado saliendo con varias mujeres desde que salí de la escuela de posgrado y fue en esta época que conocí a mi primera esposa, Jo Pat Cafaro. Nos conocimos en Miami Dade College, donde la mayoría de mis alumnos de voz era cantantes ocasionales que se inscribían para lecciones privadas. Jo era una de ellas; comenzó a tomar clases conmigo y eventualmente comenzó a frecuentar Raffles, el club donde yo cantaba con la nueva encarnación de Company antes de que Emilio me llamara para unirme a su estudio.

Jo Pat era una mujer dulce, muy accesible, muy tranquila y relajada. Mirando atrás, me pregunto si me gustaba tanto porque, al menos al principio, teníamos una relación estable y pacífica a diferencia del turbulento matrimonio de mis padres. Además, Jo Pat era hermosa: una morena y voluptuosa italo-americana. Comenzamos a salir y nos enamoramos. Muy pronto fue la única mujer con la que salía.

Parecíamos tener mucho en común. Jo Pat, como yo, tenía valores familiares muy arraigados. Vivía en casa de sus padres, como yo, y su familia me quería tanto como yo a ellos. Yo no había experimentado una relación tan cercana, confiada y emocional como esa con nadie en mi vida.

Otra cosa que nos unió fue su compromiso con la música. Estaba agradecido de que apreciara la música pero no tuviera mi obsesión de convertirse en artista. Parecía contenta con su carrera de experta de belleza. Al mismo tiempo, puesto que el padre y el hermano de Jo Pat eran músicos profesionales, ella entendía mis absurdos horarios. Confiaba en mí lo suficiente para darme un montón de espacio. Incluso cuando comencé a trabajar para Emilio y realmente no tenía un minuto, nunca sentí ningún tipo de presión de Jo Pat para que le dedicara más tiempo. Y, cuando estábamos juntos, disfrutamos de la compañía, salíamos a cenar, a ver una película o a escuchar a otros músicos en mis noches libres.

Así que cuando Jo Pat quedó inesperadamente embarazada después de estar saliendo juntos durante más de un año, le pedí inmediatamente que se casara conmigo. No lo pensé dos veces. Simplemente lo hice. Yo la amaba y quería ser el mejor padre del mundo para cualquier niño que llegara al mundo a través mío.

Sorprendentemente, cuando les anuncié a mis padres mi decisión, no les entusiasmo nada. Obviamente conocían a Jo Pat y les caía bastante bien —aunque la barrera del idioma les impedía comunicarse verdaderamente puesto que todavía no dominaban el inglés—, pero no entendían mi necesidad de casarme con ella inmediatamente.

Parte de esa urgencia era resultado de las circunstancias. No sólo Jo Pat estaba embarazada; mi carrera había tomado un drástico giro: estaba a punto de salir de gira. ¡Y a Japón!

Uno de los proyectos más interesantes en los que había estado colaborando en el estudio de Emilio era con Masayoshi Takanaka, un guitarrista y artista pop internacional que era considerado el "Carlos Santana de Japón". Era conocido por crear canciones con un montón de elementos rítmicos únicos y había decidido trabajar con Emilio en Miami porque quería que su próximo álbum estuviera permeado por el sonido latino.

Trabajar con un artista de la talla de Takanaka me hizo darme cuenta de que la productora de Emilio estaba ganando importancia muy rápidamente. Estaba encantado de escribir canciones y hacer algunas de las voces para Takanaka, y más honrado aún al descubrir que él parecía disfrutar trabajando conmigo tanto como yo con él. Él era un músico muy tolerante y alegre, y acabé involucrado con todas las canciones del álbum que estaba produciendo para una rama de Sony Music.

Cuando terminamos el álbum, Takanaka regresó a Japón. Sin embargo, antes de tres meses, llamó a Emilio para anunciarle que estaba planeando presentar su proyecto latino en una gira en Japón y quería que yo lo acompañara.

Después de la llamada, Emilio me llamó a su oficina.

—Jon, ¿qué te parecería ir a Japón? —me preguntó.

Quedé estupefacto. Cuando estaba en la universidad había ido de viaje a España, pero aparte de eso no había viajando casi desde que mi familia se estableció en Miami. Y nunca había ido de gira. Ir a Japón con Takanaka sonaba tan exótico como viajar a la luna.

Como si eso no fuera suficiente para hacerme sentir ansiosamente emocionado ante la perspectiva de trabajar internacionalmente, Emilio dejó caer otra pequeña bomba a mis pies:

—Jon, Takanaka quiere saber si también podrías encargarte de la percusión. Obviamente, le dije que sí.

—Obviamente —repetí. No perdí el control. Emilio sabía que, como él, yo nunca despreciaría una buena oportunidad, aunque significara un riesgo y dejar mi zona de confort, o quizá especialmente por eso.

—Entonces, ¿lo harás? —me preguntó—. ¿Harás la percusión?

—Por supuesto —respondí—. Me las arreglaré cuando llegue allí.

El caso era que Jo Pat descubrió que estaba embarazada después de que yo aceptara participar en una gira de tres meses en Japón.

Después de explicarle todo eso a mis padres, les dije:

—Realmente quiero hacerlo. Es lo correcto. No quiero que mi hijo o hija nazca sin nosotros estar casados y sin que ese vínculo sea oficialmente respetado.

Eso podían entenderlo mis padres. Me dieron su bendición y Jo Pat y yo hicimos planes para una boda veloz. Después de casarnos, Jo Pat se mudaría al apartamento que yo tenía en casa de mis padres. Era todo lo que podíamos permitirnos y acordamos que era una buena opción. Jo Pat tendría gente en la casa para cuidar de ella, si lo necesitaba, mientras yo no estaba.

Más o menos una semana antes de la boda, acompañé a Jo Pat a una cita con su médico. Nos emocionó enterarnos de que tendríamos mellizos y, como ya tenía tres meses de embarazo, le harían su primera ecografía.

En medio del examen, la técnica exclamó de repente:

—Oh, vaya. Mmmm.

Aunque inmediatamente retomó su actitud profesional, diciendo:

—Espere un momento. Necesito un minuto —mientras abandonaba la sala, Jo Pat y yo nos dimos cuenta de que algo andaba mal. Vivimos unos pocos minutos de miedo mientras esperábamos al doctor, tomados de la mano y sin mirarnos. Mi boca estaba tan seca que apenas podía tragar.

Unos minutos más tarde, la doctora entró y examinó la ecografía. Como temíamos, ella meneó la cabeza y dijo:

—Lo siento, pero no hay latidos del corazón.

Jo Pat y yo quedamos desolados. Era surrealista; un minuto estábamos planeando animadamente casarnos y convertirnos en una familia, al siguiente nos enterábamos de que no había nada que planear. Fuimos a casa y lloramos.

—¿Aún vale la pena casarnos? —me preguntó Jo Pat más tarde esa noche—. Ya no tienes que casarte conmigo.

Apreté su mano.

—Claro que sí. Hagamos esto. Casémonos. Tendremos un día feliz y más adelante tendremos nuestra familia.

Por supuesto, eso era lo que yo más quería: una familia. Deseaba tener una familia grande, ruidosa, porque yo había crecido en una muy pequeña. Quería sentir esa sensación de conexión y calidez que sólo se puede tener en tu propia familia.

La ceremonia fue sencilla pero hermosa. Se realizó en un salón en Hallandale Beach, entre Fort Lauderdale y Miami, solamente con nuestras familias y algunos amigos cercanos. Me casé sin arrepentimientos.

A la mañana siguiente, tomé un avión a Japón.

El vuelo desde Miami a Tokio me pareció interminable. Viajé con otro vocalista que había hecho las sesiones en el estudio de Emilio conmigo; Takanaka había decidido contratarnos a ambos.

A pesar de nuestro cansancio y agotamiento, fuimos directamente desde el aeropuerto de Tokio al estudio donde la banda de Takanaka estaba ensayando. Fue entonces cuando entendí exactamente el lío en que Emilio me había metido y entré en pánico. Lo que siguió fue como uno de esos sainetes en que un actor recibe una escena y un papel para desempeñar, pero tiene que improvisar sus acciones y parlamentos. Imaginemos que la obra tiene que ver con ser un cirujano en un quirófano o cualquier otro rol que requiera el uso de herramientas realmente complicadas, y tú tienes solo una idea general.

Todo el mundo estaba en la sala cuando entré y saludé a la banda. Era una hermosa sala de ensayo con todo el equipo de producción. Mis responsabilidades de percusión —que había fantaseado implicarían tocar un par de bongos mientras cantaba— en realidad involucraban todo un equipo de percusión: congas, bongos, timbales, platillos, lo que se te ocurra. Incluso tenía mi propio técnico. Takanaka evidentemente esperaba de mí lo que Emilio le había prometido: un percusionista, además de cantante. Pero... ¡yo nunca en mi vida había tocado instrumentos de percusión!

En Japón fue donde aprendí que la música es realmente un lenguaje internacional. No sabía cómo comunicarme con la mayoría de los músicos, excepto en lenguaje de señas y con unas pocas palabras en inglés, pero me las arreglé para conversar con los otros miembros de la banda un rato mientras nos preparábamos para ensayar. En el espíritu del papel que me pagaban por hacer, decidí dejarme llevar. No había nada más que hacer en ese momento.

—¿Estás contento con los equipos de percusión? —me preguntó mi asistente—. ¿Necesitas algo más?

—No, no, estoy bien. Estoy listo —le aseguré.

Comenzamos a ensayar algunas de las canciones. Sabía lo que había hecho el verdadero percusionista en el estudio de Emilio así que, desde el punto de vista musical, entendía los ritmos. Ahora dejé que mi musicalidad natural y formación académica fingieran por mí, tratando de ocultar el hecho de que no tenía ni idea de lo que estaba haciendo. Parecía un cantante de karaoke en un bar, articulando la letra de una canción.

Afortunadamente, sobreviví. En general, la cultura japonesa es muy respetuosa y acogedora, y todos los miembros de la banda de Takanaka eran amables. Además, el trabajo vocal que estaba haciendo era tan fuerte que lo que fuera que estaba haciendo (o *dejando de* hacer) en la percusión pasó desapercibido; o al menos inadvertido durante ese primer angustioso ensayo. Solamente un miembro de la banda hablaba inglés, así que la mayoría de nosotros nos comunicábamos a través de la música en lugar del lenguaje, y era evidente que toda la banda estaba contenta de tenerme allí, sabiendo que había tomado parte en la composición de las canciones que habían estado aprendiendo.

Tal vez si yo hubiera sido un tipo diferente, el viaje habría resultado un desastre. Pero dejar claro que quería y necesitaba la ayuda de mis compañeros de la banda pareció granjearme su cariño y ellos amaban la música que yo había escrito. No sé cuantas veces me dijeron:

—Gracias por las canciones, gracias, gracias.

También rompimos el hielo enseñándonos mutuamente malas palabras en español y japonés.

Cuando el baterista de la banda se dio cuenta de que yo no era percusionista, me ayudó enseñándome lo suficiente para defenderme. Todos sabían que yo estaba fingiendo, sin embargo, gracias a mi personalidad y mi voz, lo dejaron pasar. Sinceramente, todavía no sé cómo lo hice. Estaba totalmente petrificado. Pero estaba decidido a conquistar a esos tipos y permanecer en la gira.

La banda ensayó menos de una semana y luego se puso en marcha, deteniéndose en cada rincón de Japón durante las siguientes seis semanas. La mayoría del público estaba en los treinta y cuarenta, así que no había fanáticos furiosos o mujeres lanzándose sobre nosotros. Eso me pareció bien. Estar de gira frente a una audiencia era aterrador, especialmente teniendo en cuenta lo cohibido que estaba por mis habilidades como percusionista. Esa fue también una reveladora introducción a un nuevo tipo de escenario, uno en el que tuve que aprender a integrarme con músicos diferentes a mí en todos los sentidos imaginables. Trabajé duro y recé todos los días para no arruinar las cosas.

Finalmente me di cuenta de que, si me ceñía al guión del baterista y copiaba lo que él me había enseñado, estaría bien. Para compensar mis escasas habilidades en la percusión y mi falta de experiencia en giras, me concentré en mi canto y decidí deliberadamente intensificar mi personalidad artística. Tenía unos cuantos solos de percusión y, cuando se llegaba el momento, me imaginaba a mí mismo como un actor y exageraba mi actuación, haciendo lo que el baterista me había enseñado pero intensificado, maximizando mis movimientos con gran efecto. Al público le encantó.

Cómo lo perciben a uno en el escenario es, a menudo, una cuestión de saber entretener y conectar con el público, ya sea en un gran teatro o en uno pequeño. Y he descubierto que cuando uno comete un error en el escenario, suele ser mucho menos notorio si el público está pasando un buen rato. Casi siempre es mejor ser demasiado teatral que no ser lo suficientemente teatral.

Esa gira me ayudó a salir de mi caparazón aún más. Aprendí lo que funciona en el escenario y lo qué no, instintivamente asumiendo mi personalidad escénica siempre que tomaba el micrófono. Me convertí en un cantante mucho más animado, así como en percusionista, y eso mejoró todo lo que hice.

También estaba aprendiendo mucho sobre Japón y cómo defenderme en una cultura extranjera. Todavía no lo sabía, pero esas habilidades recién adquiridas me resultarían muy útiles en el futuro. Viajábamos en avión de ciudad en ciudad y me encantó la novedad de alojarme en hoteles.

Ver tan increíble historia, arquitectura y belleza natural en Japón también fue una experiencia reveladora. Me conmovieron especialmente nuestras paradas en Hiroshima y Nagasaki, donde por primera vez entendí el horror de la guerra desde la perspectiva de los ciudadanos japoneses que vivían en esas ciudades cuando las bombas fueron lanzadas durante la Segunda Guerra Mundial.

El otro aspecto de la gira que me encantó fue la oportunidad de probar diferentes tipos de alimentos. Después de cada concierto, Takanaka invitaba a la banda a cenar. ¡Nunca había visto muchas de las comidas que probé en ese viaje! Mi descubrimiento favorito fue el *shabu shabu*, en el que se colocan rebanadas delgadas de carne y verduras en un caldo y luego se comen con diferentes tipos de salsas.

Como soy de origen afro-cubano y ciertamente no parezco

japonés, recibí muchas miradas en ese viaje. Me dediqué a sonreírle a todo el mundo y gozar de la atención. La barrera del lenguaje fue más difícil; el japonés es un idioma imposible de aprender simplemente viajando.

Aún así, teníamos nuestra música y lo verdaderamente hermoso de la música es que le dice algo a todo el mundo. El amor por la música es un poderoso común denominador. Siempre que los miembros de la banda y yo lográbamos imaginar cómo comunicarnos, tocábamos una pieza de música para transmitir el significado. En esa gira, me di cuenta de que la música era mi lengua materna y podía usarla para relacionarme con todo el mundo.

CAPÍTULO OCHO
Escribe canciones desde tu corazón

Después de esa primera gira, regresé a Miami más decidido que nunca a hacer un álbum mío y encontrar más oportunidades para cantar. Antes de irme, le había dado a Emilio una grabación de cinco canciones para que se la ofreciera a las compañías discográficas. Había compuesto las canciones con los otros miembros del estudio de Emilio y pensé que mostraban mis diversas influencias: rhythm and blues, latino, jazz y pop. Estaba emocionado de oír lo que diría un ejecutivo discográfico sobre ellas y muy confiado después de mi viaje a Japón.

Emilio llevó el demo a Sony Records porque era el sello de Gloria y él tenía buenas relaciones con varios de sus ejecutivos. Mientras tanto, seguí escribiendo y trabajando en diferentes proyectos.

Un día Emilio me llamó a su oficina.

—Lo llevé a Sony y no les gustó —dijo sin rodeos.

Mi corazón se detuvo cuando me explicó que Sony lo había rechazado porque el demo no tenía una personalidad unificada.

En otras palabras, estaba tan diversificado como artista que eso afectaba mi carrera. Supongo que los ejecutivos no pudieron encontrar una etiqueta que me identificara.

Quedé molesto y decepcionado, sí, pero Emilio estaba furioso. No podía creer que Sony no quisiera firmar un acuerdo conmigo y tomó personalmente el rechazo.

—Escucha —me dijo—, en cuanto a tu carrera como artista, podemos intentarlo con otra compañía o puedes hacer un nuevo conjunto de demos e intentaremos en otro lugar. Pero también entenderé si quieres quedar en libertad. Si quieres irte, te liberaré del contrato.

Mi contrato con Emilio era por cinco años y sólo habían pasado tres. Me gustaba trabajar con él y su equipo. Incluso si mi carrera como solista nunca arrancaba, estaba escribiendo canciones y viviendo mi sueño de ser músico. Tenía la flexibilidad para ser músico de sesión, dar conciertos por la noche y enseñar, además del tiempo que pasaba en el estudio de Emilio. Estaba arreglándomelas como siempre lo había hecho y me encantaba.

—Quiero quedarme —le respondí—. Sin importar si mi carrera se transforma en otra cosa además de ser productor o compositor o no, estoy totalmente satisfecho con lo que estoy haciendo.

Probablemente esa fue la mejor decisión que he tomado en mi vida, porque me permitió trabajar con Gloria en su siguiente álbum; después del trágico accidente que casi le costó la vida.

Jo Pat todavía estaba en la escuela y trabaja medio tiempo. Desafortunadamente, entre más feliz y más ocupado estaba yo con mi carrera, más difícil era nuestra vida en casa. De alguna manera, lo que nos había llevado a enamorarnos y casarnos ahora parecía evaporarse al intentar vivir juntos. Nunca antes habíamos pasado juntos tanto tiempo y no estaba funcionando bien.

Me culpo por haber estado demasiado ocupado y distraído

para ser un verdadero apoyo para Jo Pat. Había tenido la distracción de la gira para sacarme de la cabeza el aborto, pero mi esposa había estado sola con su dolor.

Había tensión entre nosotros pero, probablemente porque yo había crecido viendo a mis padres pelear, me escondí en mi trabajo y evité los enfrentamientos. Quería borrar la certeza que llevaba en el fondo de mí mismo: que me había apresurado a contraer matrimonio con alguien a quien no conocía tan bien como había creído.

Vivir en casa de mis padres tampoco contribuía a mejorar nuestra relación. Jo Pat había estado viviendo allí mientras yo estaba en Japón y, cuando comenzamos a tener problemas, ella y mis padres comenzaron a tener enfrentamientos. Eso se debió en parte a la falta de comunicación, pero también era la forma en que mi madre se encerraba cuando no le gustaban mis mujeres. Mi madre siempre vio antes que yo mismo las señales de advertencia en mis relaciones.

Mantuve la cabeza agachada e intenté sobrevivir a mi caótico horario de trabajo y las tensiones con Jo Pat, viviendo cada día. Luego, en marzo de 1990, recibí una llamada de José Estefan, el hermano de Emilio, que puso al revés mi mundo. Estaba tan alterado que difícilmente podía entender lo que decía.

—Jon, hubo un accidente —me dijo—. Parece que Gloria podría estar paralizada.

Yo no conocía a Gloria tan bien como a Emilio. Ella, Emilio y yo compartíamos una herencia común y valores similares, ya que todos erramos cubano-americanos que habíamos inmigrado cuando niños a Estados Unidos con nuestras trabajadoras familias y manteníamos fuertes lazos familiares. Para cuando los conocí, los Estefan ya tenían su primer hijo, Nayib, y buscaban la manera de equilibrar sus carreras profesionales con la vida de familia.

Cuando entré a trabajar en el estudio, Gloria estaba de gira promoviendo su álbum *Primitive Love*, así que pasaba mucho tiempo viajando. Cuando iba al estudio a trabajar en su propia música, se concentraba y trabajado muy duro. A medida que la conocí mejor, terminé co-componiendo un par de canciones para su álbum *Cuts Both Ways*.

Una de las cosas que más admiraba de Gloria era el hecho de que siempre sabía exactamente lo que buscaba en una canción. Cada vez que colaboramos, ella iba al grano y me daba sus ideas, y yo sabía inmediatamente si una canción le gustaba o no. Nunca fue grosera, solamente honesta. De hecho, aunque Gloria era una mujer muy cálida, divertida y agradable fuera del estudio, cuando estábamos en el estudio ella se concentraba en la tarea a mano —ya fuera componer o una sesión de canto— y nunca llevaba nada personal al trabajo, lo cual establecía el nivel de profesionalismo para el resto de nosotros.

—Oh no, muéstrame algo más —decía si no le gustaba una melodía o una letra en particular, o decía—: tal vez podemos trabajar un poco más en eso.

Gloria era motivada, inteligente y nunca intimidante, porque era una persona muy cálida. Entonces, como todas las otras personas que conocían a Emilio y Gloria, quedé devastado —emocional, personal y profesionalmente— por la noticia de su accidente. Un camión había chocado contra el autobús de Gloria en una carretera congelada en los Poconos, y Gloria —junto con Emilio, su hijo y otros cuatro pasajeros— había resultado herida. Gloria había metido a su hijo en su litera y estaba recostada en el sofá viendo una película cuando ocurrió la colisión; ella supo inmediatamente que se había roto la espalda debido al terrible dolor en su columna vertebral.

Estábamos agradecidos de que nadie hubiera muerto en el accidente, pero muy preocupados por si Gloria sería capaz de caminar de nuevo, ni pensar en actuar. La productora y el estudio quedaron paralizados de la noche a la mañana pues todo el mundo estaba concentrado en la salud de Gloria. Algunos dijeron que era un milagro que volviera a estar en pie tan pronto como lo hizo, pero creo que fue debido a su determinación de iniciar la terapia y tomársela en serio.

Una vez el cirujano colocó barras de titanio en sus vértebras lesionadas, Gloria trabajó tan duro para volver a estar en pie como lo hacía en todo lo demás, poniendo a un lado la música para dedicar los meses siguientes a recuperar su fuerza y movilidad. Su familia, amigos y fanáticos estuvieron con ella en cada etapa del camino.

Cuando Gloria regreso al estudio, caminaba suave pero confiadamente. Comenzó a trabajar inmediatamente. Emilio ya había organizado a su equipo de producción para producir un álbum que pregonara el regreso de Gloria a la música. Yo estaba emocionado por la idea y quería ser parte de ella. Esperaba hacer una buena impresión en Gloria con mis composiciones.

Sin embargo, sería erróneo decir que estaba escribiendo canciones específicamente para Gloria. Durante el tiempo que había trabajado con Emilio, aprendí que era mejor escribir teniendo en mente solo la calidad de la canción, no un cantante específico. Uno puede tener en cuenta el estilo particular del intérprete cuando está escribiendo pero, en últimas, eso no importa. Las canciones a menudo son producidas y arregladas en formas completamente diferentes para diferentes artistas. Yo había aprendido que lo más importante era escribir siempre la mejor canción posible. La honestidad de una buena canción se abrirá camino sin importar quién la canta.

Mientras tanto, también me aseguré de hacerme tan visible como fuera posible mientras escribía. Puesto que no conocía los horarios de Gloria, pasé hasta diez horas diarias en el estudio, asegurándome de estar allí aunque Gloria solo apareciera por una hora. Y eso fue exactamente lo que sucedió: Gloria se acostumbró tanto a verme trabajando en el estudio que le pareció natural que colaboráramos en el nuevo álbum. Componer fue fácil una vez comprendí que quería hacer un álbum inspirador, casi góspel con melodías de R&B.

Gloria tituló su nuevo álbum *Into the Light*. El nombre se refería a un despertar tanto espiritual como físico, expresando su superación de esa época oscura en su vida. Uno de los temas que se convertiría en uno de los mayores éxitos de ese álbum, "Coming Out of the Dark", surgió como resultado de un trabajo tan armonioso y natural entre Gloria, Emilio y yo, que fue casi espontáneo. Ella llegaba con un fragmento de melodía y yo proponía algunas letras, o yo planteaba una melodía y ella escribía la letra. En treinta minutos, la canción estaba lista.

Para un compositor es muy satisfactorio experimentar una colaboración que se siente como un proceso fluido, cómodo —un proceso creativo que fluye como si usted y su pareja de escritura fueran una sola persona. No es algo que suceda a menudo. Gloria y Emilio también lo sintieron y todos entendimos que "Coming Out of the Dark" sería un poderoso himno personal y espiritual para ella.

Para mí, crear esa canción me hizo sentir que estaba en el lugar correcto, haciendo exactamente lo que nací para hacer. Esa comprensión se cristalizó una mañana de otra manera ordinaria en 1991, cuando conducía mi viejo Dodge Colt a través del centro de Miami de camino al estudio de Emilio.

Me acababa de detener en un semáforo en rojo cuando "Coming Out of the Dark" empezó a sonar en la radio del coche. Quedé atónito tanto por el poder de la canción y por el hecho de que yo hubiera escrito una canción que era un éxito pop que sonaba en una estación de radio que yo escuchaba todos los días. Estaba lejos de imaginar que este momento marcaría el comienzo de mi trayectoria como artista internacional. "Coming Out of the Dark" resultó ser no sólo una canción fundamental para Gloria y Miami Sound Machine, ascendiendo a los primeros lugares de las listas rápidamente, sino que también me abrió las puertas como solista. Hoy día, incluso después de veinticinco años en el mundo del espectáculo, escuchar esa canción en la radio la primera vez sigue representando uno de los momentos más maravillosos de mi vida, porque fue la primera prueba real de que realmente podría alcanzar mi sueño de ser un artista pop estadounidense.

Lo que es más importante, en Gloria había encontrado uno de los mentores más importantes de mi vida. Ella me enseñó el valor de estar en el lugar correcto en el momento adecuado, y el significado de la disciplina y la capacidad de adaptación, no sólo como artista sino como ser humano. Cuando Gloria regresó al escenario tras el devastador accidente, jamás perdió de vista su pasión por la música, su amor por su familia y su habilidad para equilibrar su estatus de celebridad con ser el tipo de persona cálida, honesta y generosa que quería ser como ser humano. Espero algún día hacerla sentir tan orgullosa de mí como yo de ella.

CAPÍTULO NUEVE
Aprende de tus errores

Tan pronto se lanzó *Into the Light*, el álbum comenzó a ascender en las listas y Gloria empezó a planear una gira. Yo había quedado encantado de oír "Coming Out of the Dark" en la radio y estaba orgulloso de la parte que había jugado en la escritura de las canciones de ese álbum. Quedé igualmente emocionado cuando Gloria me invitó a ir de gira con ella como voz de apoyo con otros tres cantantes.

Mirando hacia atrás, me doy cuenta de que Gloria probablemente me invitó a la gira no sólo porque había escrito muchas de las canciones del nuevo álbum, sino también porque hasta ese momento era el único otro artista, además de Gloria y Miami Sound Machine, cuya carrera era administrada por Emilio.

Para mí, la invitación representaba una bifurcación en el camino. Desde el principio, había trabajado como músico manteniendo cierta estabilidad como académico, dando lecciones de voz. ¿Tenía la confianza para dejar la enseñanza y dedicarme únicamente a una carrera en el mundo del entretenimiento?

Para complicar las cosas, se había abierto una vacante de profesor titular de tiempo completo en el Miami Dade College, donde había dictado lecciones de voz desde que estaba en la universidad. El jefe del departamento me dijo que era el candidato favorito para el puesto. Al mismo tiempo, también me habían ofrecido un puesto en una pequeña universidad en Illinois que acababa de abrir un programa de estudios de jazz vocal.

Era tentador permanecer en la academia. Representaba un estilo de vida estable y yo siempre había pensado que haría carrera en la educación musical. Sin embargo, cuando Gloria me pidió ir de gira con ella, supe que la única opción era ir. No podía seguir negándome mi aspiración de ser artista. Rechacé las dos posiciones académicas, con la esperanza de finalmente concentrarme exclusivamente en mi carrera como compositor y cantante.

La nueva gira de Gloria fue lanzada en la vieja Miami Arena. Era un lugar grande, con alrededor de quince mil plazas, pero Gloria no tuvo ningún problema para venderlas ya que esta era su ciudad. Yo estaba radiante de estar en el escenario con ella y con mis viejos amigos de Company, que todavía constituían el corazón de Miami Sound Machine.

El espectáculo fue un éxito rotundo. Miami Sound Machine tenía secciones completas de ritmo y metales, y Gloria había agregado bailarines y cantantes. Hicimos cuatro espectáculos en la arena antes de iniciar el circuito internacional, y yo siempre estaré muy agradecido con Gloria no sólo por invitarme al tour como uno de sus coristas, sino por darme lo que quizás fue el mayor golpe de suerte de mi carrera.

Gloria se cambiaba de vestuario varias veces durante el espectáculo. Cuando ensayábamos, se dio cuenta de que había un momento en el que ella no quería estar en el escenario.

—En ese momento —dijo—, quiero que cantes una canción, Jon.

Mi corazón casi se detuvo. No podía creer que ella me estuviera pidiendo hacer un número como solista. No sólo eso; además ella quería que cantara una de mis propias canciones, "Always Something", una canción de amor que habíamos escrito cuando trabajábamos en *Into the Light* y que no apareció en el álbum. Entendí el por qué. "Always Something" trataba de una relación conflictiva y cómo, aunque intentes arreglar las cosas, a veces terminas girando en círculos.

Cuando escribo canciones, las emociones vienen de un lugar real. Me había convertido en un mejor letrista como resultado de escribir tan intensamente durante los últimos meses, elevando el nivel de la narración en mis canciones. "Always Something" refleja la espiral descendente de mi relación con Jo Pat, que parecía haberse acelerado en proporción a las horas que pasé escribiendo música en lugar de enfrentar los problemas que amenazaban con acabar con mi matrimonio.

Los intereses y necesidades de Jo Pat no cabían en mis ambiciones, así que continué evitándola en lugar de hacer frente a su decepción. Cuando Gloria me pidió que fuera a la gira, sabía que mi matrimonio estaba en problemas. Creo que una pequeña parte de mí pensó que tal vez poner cierta distancia en nuestro matrimonio podría mejorar las cosas entre mi esposa y yo. En cualquier caso, decidí dejar a Jo Pat para participar en una gira de 18 meses que me llevaría por todo el mundo.

Cuando llegó la hora de apropiarme del escenario esa primera vez, estaba aturdido y nervioso, pero muy emocionado. Gloria me introdujo en el programa diciendo unas maravillosas palabras sobre mí a la audiencia, algo como: "Miren, aquí está este cubanito. Voy a dejarlo con ustedes durante unos minutos porque quiero que lo escuchen. Algún día van a oír mucho de él. Va a ser una superestrella".

Luego se acerco a mí, tomó mi mano, me separó de los otros coristas y me llevó al centro del escenario. Allí, comencé "Always Something" sin acompañamiento instrumental, a capela, comenzando con mi voz de pecho y luego un falsete. Sonaba muy impresionante cuando alcanzaba las notas altas. Finalmente la banda entró con un ritmo R&B de gran energía.

Me moví por todo el escenario mientras cantaba esa canción y al público no sólo le gustó. Le *encantó*, ¡cuando terminé rugían y aplaudían! Eventualmente, empecé a recibir críticas en los periódicos.

En esa gira fuimos a todos lados —Estados Unidos, Europa, Latinoamérica— y, sin importar en dónde estuviéramos, mi actuación despertó esa misma reacción entusiasta de la multitud. Me sentía dichoso. Compartir el escenario con Gloria fue la culminación de años de duro trabajo. Ella era uno de los pioneros entre los artistas latinos de fusión. Gloria y yo amábamos inventar letras ridículas en Spanglish para nuestras canciones, algo que sólo puedes hacer si eres un cubano estadounidense criado en Miami. Debido a nuestras raíces comunes, nuestro vínculo creció y fuimos capaces de divertirnos y ser nosotros mismos estando juntos.

Y, aunque todo eso fue maravilloso, estar de gira resultó ser una mala receta para mi matrimonio. En Ámsterdam, conocí a una mujer después de uno de nuestros espectáculos con algunos de los otros chicos de la banda. Íbamos a pasar dos semanas en Holanda. Esta mujer y yo tuvimos muy buena conexión, así que le pregunté si quería salir conmigo y quizás mostrarme algunos de los lugares de interés.

Al principio fue verdaderamente inocente. Ella era de una ciudad fuera de Ámsterdam y me dije que sólo quería divertirme con ella. Pero era tan diferente a mí, física y culturalmente, que me encapriché. Tenía ese estilo europeo en sus gestos y era una rubia alta e impresionante. ¡Todo lo opuesto a mí! Nos hicimos amigos rápidamente mientras viajábamos alrededor de Holanda juntos y pronto esa amistad creció y se convirtió en mucho más.

La primera vez que me acosté con ella, me sentí casi incapacitado por la culpa. Nunca había hecho algo así. ¿Qué pasaba conmigo, acaso pensaba que estaba bien engañar a mi esposa? ¿Estaba convirtiéndome en el más vil de todos, un músico que abusaba de sus admiradoras?

Pero sinceramente no me sentía así. Me gustaba mucho esa chica —estaba un poco enamorado de ella— y sentí que estaba teniendo un despertar aventurero emocional y físico. Esto parecía real. Entonces la invité a reunirse conmigo en otras ciudades europeas.

Volver a Miami para un descanso durante la gira me hizo sentir culpable de nuevo. Jo Pat no había hecho nada para merecer mi infidelidad. Me sentía terrible por haber sido infiel e intenté compensarlo mientras estuve en casa. No le dije la verdad —siempre había tenido un problema con las confrontaciones, probablemente porque odiaba ver a mis padres pelear— así que, en lugar de admitir que había estado con otra mujer, intenté hacerme creer que podía trabajar en nuestro matrimonio y arreglar las cosas.

Pero, sin importar lo que hiciera, no me sentí más cerca de Jo Pat. Probablemente porque la había engañado y me sentía muy mal por ello. Sabía que nuestro matrimonio estaba acabado, pero todavía no tenía el valor de admitirlo. Retomé la gira sintiéndome aún más alejado de mi esposa y tuve otras aventuras. Mientras estaba en Australia, conocí a otra mujer excitante con la cual también establecí una relación íntima. Ya no me reconocía a mí mismo. Desesperado, recordé aquellos tiempos en Costa Rica cuando mi madre había acusado a mi padre de coquetear. ¿Acaso era ese mismo tipo de hombre, que respeta a su esposa tan poco que no puede mantenerse alejado de otras mujeres? Comenzaba a sentirme cada vez peor conmigo mismo, pero no podía modificar mi comportamiento.

Mientras, me preocupaba no sólo que Jo Pat sino Gloria también descubriera mis infidelidades. Ella y Emilio habían asistido a mi boda y me habían visto intercambiar votos de amar, honrar y respetar a Jo Pat. Estaba comprometiendo no sólo mis propios valores, sino también los de Gloria. Sin embargo, cada vez que volaba a Miami para un descanso entre conciertos, me sentía tan infeliz con mi matrimonio que eventualmente me sentí más cómodo estando con otras mujeres que con mi propia esposa.

Entonces ocurrió lo inevitable: Gloria me atrapó. Viajábamos entre Canadá y Estados Unidos, y una de las mujeres con las que me había enredado quiso verme en Filadelfia. Organicé todo para verla en el hotel y, cuando nos subimos al autobús de la gira, nos entregaron a todos un listado de las habitaciones que ocuparíamos en el hotel. No se me había ocurrido que todos en Miami Sound Machine, incluyendo a Gloria, verían que iba a tener una compañera de cuarto que no era mi esposa. Me sentí terrible.

Gloria también me vio con otra mujer junto a la piscina en Venezuela. Me sonrió débilmente pero no dijo nada. No fue hasta el final de la gira que me mencionó el tema. Gloria tenía la costumbre de realizar una gran cena con todo el mundo y repartir premios tontos al finalizar una gira. El certificado que me entregó delante de todos decía: "Mejor candidato a recibir una demanda de paternidad".

Quedé mudo y fui incapaz de mirarla, aunque todos a mi alrededor reían. Nunca me había sentido tan avergonzado e incómodo, viendo que alguien a quien respetaba y quería era testigo de las malas elecciones que hacía... elecciones que podrían tener consecuencias terribles.

Eso me abrió los ojos. Pronto después de eso, le confesé todo a papá, quien escuchó lo que tenía que decir tranquilamente, sin juzgarme.

—Tienes que encontrar un lugar espiritual dentro de ti para solucionar esto y dentro de la relación que tienes en casa, mi hijo —me dijo—. Obviamente no puedes seguir viviendo una doble vida. Dios y Cristo te ayudarán a resolver las cosas con Jo Pat para que puedas seguir adelante.

Sabía que tenía razón. También sabía que debía confesarle todo a Jo Pat. Probablemente tenía alguna idea de lo que había sucedido —sabía perfectamente que yo estaba haciendo todo lo posible para poner distancia entre nosotros— pero, para ser justo, ella intentó ser honesta y enfrentar los hechos.

—Mira, Jon —me preguntó en un momento dado—, ¿sientes que necesitas ver a otras mujeres? No sé qué haré si me dices que sí, pero necesito que me digas la verdad.

Yo era un cobarde. En lugar de ponerme a su altura, seguí mi primer instinto: negar todo.

—No, claro que no —dije. Estaba dispuesto a mantener la mentira un poco más para evitar lastimarla, rezando por un milagro que nos uniera.

Dado el éxito de mi actuación en la gira, Emilio decidió que había llegado mi hora de brillar. Estaba listo para comenzar a presentarme a las compañías discográficas.

—Jon, si has pensado darme otro conjunto de demos para que se los presente a las compañías discográficas, este el momento de hacerlo —dijo.

Obviamente, tenía razón. Tenía que aprovechar este momento y atrapar mi oportunidad mientras las puertas estaban abiertas. Pero, ¿qué iba a hacer? Aún no tenía nuevos demos porque había estado muy ocupado trabajando en el álbum de Gloria y en todos mis otros proyectos.

Sabía que tendría que actuar rápidamente si quería atravesar esas puertas recién abiertas. La primera persona en la que pensé fue en mi buen amigo de la secundaria, Miguel Morejón. A lo largo de los años habíamos perdido el contacto, pero recientemente un amigo mutuo me había invitado a una fiesta y Miguel estaba allí.

Desde que abandonó la Universidad de Miami, Miguel había pasado el tiempo haciendo trabajo de producción centrado principalmente en música bailable. Poco a poco se había desilusionado con la industria musical, pero esa noche le pregunté si estaría interesado en trabajar con Emilio. Lo recluté para un par de proyectos en los que había estado trabajando, para que me ayudara a hacer algunos arreglos.

Ahora, antes de salir para la etapa europea de la gira de Gloria, lo llamé y le expliqué mi dilema.

—Tengo que presentarle a las disqueras algo diferente a lo que les he mostrado antes —le dije—, pero necesito tener mi propia identidad musical.

Miguel prometió ayudarme a pensar en lo que podría hacer. Colgué sintiéndome esperanzado por la posibilidad de formar una alianza de composición. Miguel me conocía mejor que nadie y era uno de los compositores más talentosos que conocía.

Irónicamente, aunque estaba preocupado por si podría componer algo en Europa, fue durante esa parte de la gira —al experimentar diversas culturas, conocer a diferentes personas y descubrir nuevos artistas como Seal y George Michael— que encontré exactamente la inspiración que buscaba. Durante un descanso en el tour, regresé a Miami y fui a ver a Miguel.

—Escucha —le dije—, necesito tu ayuda. ¿Recuerdas lo que hablamos? Necesito producir unos demos y ahora tengo algunas ideas cómo quiero sonar. Sé que podemos hacerlo, pero necesito que me ayudes a armarlo.

Miguel meneó la cabeza.

—Mira, lo siento, pero he decidido no hacer más música

—respondió—. Me habría encantado hacer esto contigo, pero ahora estoy trabajando en una tienda de flores. Vendí todos mis equipos.

Quedé atónito. ¿Cómo podía alguien tan talentoso renunciar así a lo que amaba? Incluso si no por mi propio bien, no podía dejar que Miguel abandonara la escena musical.

—Vamos —insistí—. Esta es nuestra oportunidad de hacer algo juntos, algo verdaderamente importante. Escucha esto —le dije y le puse el último disco de Seal.

Mientras lo hacía, me di cuenta de que estaba presionando a Miguel de la misma manera que Emilio lo hacía con todo el mundo. No me importó. ¡Y funcionó! Pude ver que Miguel comenzaba a alimentarse de mi energía. Alentado, seguí haciéndolo.

—Sé que podemos hacerlo —dije, presionándolo un poco más—. Tengo una canción que escribí, pero necesito que me ayudes a armarlo.

Finalmente sonrió y asintió con la cabeza.

—De acuerdo. Veamos qué puedo hacer por ti —dijo.

Cuando regresé en mi siguiente descanso de la gira, fui a casa de Miguel. Había pedido prestados algunos equipos básicos —una caja de ritmos, un sintetizador y una radio casetera— y me puso dos piezas musicales. No usamos la primera, pero la segunda secuencia sonaba increíble. Esa fue la melodía que se convirtió en mi primer éxito: "Just Another Day". Esa colaboración fue tan transparente como la que había tenido con Gloria y Emilio mientras escribíamos "Coming Out of the Dark": Milagrosamente, Miguel y yo logramos escribir "Just Another Day" en media hora.

¿Sabíamos que teníamos un superéxito en nuestras manos? ¡No! Pero me di cuenta por la sonrisa de Miguel y por la forma en que dijo "Bueno, eso suena bastante bien", que era una melodía buena y sólida.

Desde entonces, Miguel y yo continuamos escribiendo juntos. Nos veíamos en su casa y charlábamos sobre nuestras vidas primero para obtener ideas para las letras, usando un bloc de notas para anotar nuestros pensamientos a medida que surgían. Todas las canciones que escribimos, comenzaban por "¿Qué ha pasado? ¿Qué está sucediendo con tu vida?". Luego hablábamos sobre nuestras familias, lo que habíamos estado haciendo últimamente, y sobre relaciones pasadas y presentes. Luego, Miguel tocaba algunas pistas que había estado creando. Después nos concentrábamos en escribir letras a partir de nuestras conversaciones.

Como Miguel y yo éramos tan buenos amigos, era fácil para mí confiar en él y reflexionar juntos sobre la vida. Compartíamos nuestros secretos y emociones no sólo con palabras sino también con melodías. Miguel era la segunda persona en la que confiaba lo suficiente como para confesarle el caos de mi matrimonio.

Al igual que mi padre, Miguel nunca me juzgó. Me escuchó con compasión y comprensión. Conocía a Jo Pat, por supuesto, y en un momento dado sacudió la cabeza y me dijo:

—Juan, tienes que tomar algunas decisiones muy serias.

Yo lo sabía. Más importante aún, gracias a la amistad de Miguel y su increíble talento para la composición, pude explorar y expresar los cambios sísmicos en mi vida. Todos mis pensamientos se convirtieron en fragmentos líricos y trozos melódicos, no sólo de mis recientes enredos románticos y mi fracasado matrimonio, sino también de relaciones que había dejado atrás incluso en la escuela secundaria.

Como resultado, "Just Another Day" es evidencia de dónde me encontraba en aquel momento de mi vida, un torbellino de diferentes sentimientos y anhelos. El tema de todo el álbum que surgió allí fue el amor: el descubrimiento del amor y las decepciones que el amor puede causar, los momentos conmovedores de las parejas, los enamoramientos, las pasiones y las expectativas futuras. Incluso hoy día, cuando mis admiradores me hablan de ese primer CD, se conectan con esas canciones porque escuchan la introspección inherente en las palabras y la música.

Mientras tanto, escribir esas canciones me concientizó del hecho de que no tenía una conexión emocional profunda. "Angel", por ejemplo, es la canción que escribí para la mujer que conocí en Ámsterdam. De ella me quedó la sensación de tener una aventura personal tremendamente positiva, una que tenía que suceder en ese momento de mi vida. Escribí "Mental Picture" para la mujer con la que tuve una aventura mientras estaba de gira en Australia, tratando de capturar en la música la emocionante relación y la pasión romántica que sentí durante esa experiencia.

Mientras escribía esas canciones, entendí aún mejor que permitirme ser infiel a mi esposa había sido un error a gran escala, moral y éticamente. Mi método usual de asumir las cosas era encerrarme para evitar la confrontación y, al hacerlo, permití que los mismos patrones emocionales que acabaron con mi relación con Samantha destruyeran también mi matrimonio. A veces se aprende más de los errores que de cualquier otra cosa.

CAPÍTULO DIEZ
La felicidad nunca es permanente

De las canciones que escribimos durante esa época de concentración emocionalmente estimulante para ambos, Miguel y yo estábamos especialmente entusiasmados con una en particular, la que veíamos como el título del álbum: "Just Another Day". Sin embargo, Emilio quería que incluyera por lo menos tres canciones completas en mi demo. Trabajé con Miguel y otros dos escritores, Tom McWilliams y Willy Perez-Feria, para terminar el demo en tres meses, creando el estilo de producción de las otras dos canciones según el de "Just Another Day", de manera que las canciones en el demo compartieran el mismo sabor musical.

Armé el demo de afán, en plena gira. En lugar de trabajar tranquilamente las versiones finales de las canciones en el estudio, me vi obligado por las limitaciones de tiempo a armarlas en casa de mi amigo Freddy Pinero, usando un reproductor de ocho pistas en la sala de su apartamento. Freddy aún tiene las cintas originales. Yo sabía que la discográfica escucharía un material técnicamente crudo, pero esperaba que mi desempeño en los demos fuera suficiente para convencer a los ejecutivos de que tenía potencial como artista comercial.

Finalmente le entregué el demo a Emilio. Se sintió tan entusiasmado por la propuesta como yo y me dijo que estaba seguro que podría venderla —y a mí— a una empresa discográfica. Aún así, fue muy cauteloso. Para Emilio, quien siempre tenía respaldo y estrategias, el negocio de la música era como un juego de ajedrez. Sabía cuándo ser agresivo y cuándo ser defensivo.

En este momento, estaba en una misión para darles una lección a los ejecutivos que me habían rechazado en Sony Music. Gloria había firmado con ellos y el estudio de Emilio estaba involucrado en muchos proyectos de producción con ellos; aún así, Sony me había rechazado y Emilio quería sacarse el clavo. Llevó mi demo directamente a otra empresa mientras yo seguía de gira con Gloria, haciéndole un desplante a Sony.

Emilio apreciaba a Nancy Brennan, de EMI, así que decidió recurrir a ella en primera instancia. A Nancy le encantó mi demo y se lo dio a SBK Records, una nueva rama de EMI dirigida por Charles Koppelman.

—Nos encanta —dijeron ambos—. Nos gustaría conocer a Jon.

Emilio me llamó mientras estaba en Europa con Gloria.

—Recibimos una llamada positiva, Jon —anunció—. Creo que nos estamos moviendo en la dirección correcta.

—Genial —respondí aturdido—. Realmente genial.

Para entonces, había aprendido a tomar todo lo que Emilio decía con algo de escepticismo, así que intenté mantener una actitud de calmada confianza. Ya antes habíamos pasado por esto y llegado a este punto con Sony… y nos habían rechazado. Emilio también se había entusiasmado con el primer conjunto de demos, diciéndome:

—Vamos a obtener el mejor negocio del mundo. ¡A Sony le va a encantar este proyecto!

Cuando las cosas no funcionaron, Emilio se retractó un poco. Creo que intentaba expresar confianza sin animarme demasiado; yo era un compositor muy productivo para él, así que cuidaba de mí y procedía con una especie de protectora precaución. Aún así, me emocionó la posibilidad de que SBK estuviera interesado en mí. SBK se había convertido en la discográfica independiente más grande del mundo, y Koppelman estaba involucrado en las carreras de artistas tan diversos como Michael Bolton, Robbie Robinson, Vanilla Ice y Wilson Phillips.

Supe que SBK realmente estaba pensando en firmar conmigo cuando Nancy fue a verme actuar durante uno de los espectáculos de Gloria. Posteriormente, cuando conversamos, Nancy y yo sentimos una conexión positiva que terminó con su pregunta:

—¿Cuándo podremos tener más material?

Fue entonces cuando supe que iba en serio. También fue cuando comencé a ponerme nervioso. ¡No tenía más material! Había estado demasiado ocupado en la gira para escribir. Pero ahora, SBK estaba fascinado con mi demo y yo tenía luz verde para escribir más canciones mientras Emilio comenzaba a negociar un acuerdo con ellos.

Emilio se limitó a menear la cabeza a los ejecutivos de Sony Music cuando se quejaron de que hubiese buscado otra disquera para mí.

—Lo siento, pero ¿qué podía hacer? —les dijo— Su Fulanito de Tal rechazó a mi chico. Tuvimos que recurrir a otros.

El ejecutivo de Sony que me había rechazado terminó siendo despedido. Mientras tanto, Emilio se convirtió en un héroe en su propio estudio: había atrapado otro importante sello discográfico para su compañía de producción y estaba abriendo nuevas puertas a los artistas que trabajaban con él.

Tan emocionado como estaba por la perspectiva de ser firmado por EMI, también fui inmediatamente consciente de la naturaleza política de la arriesgada jugada de Emilio. Al final del día, sin embargo, lo más importante para mí era que alguien quería no sólo las canciones que escribía, sino también a mí como su intérprete.

Todo —todos los "si" del negocio de la música— había caído repentinamente en su lugar: había escrito un éxito con Gloria, ella me había presentado como solista, y yo había hecho un demo que obtuvo excelentes críticas de todos los que lo escucharon. Mi oportunidad de ser solista había llegado, con todo los "si" en mi vida finalmente encaminados en la dirección correcta; algunas de esas cosas ni siquiera las noté cuando sucedieron. No podía permitirme perder esta oportunidad.

En el momento en que obtuvimos una reacción positiva de la compañía discográfica, las ruedas comenzaron a girar más rápidamente. Yo seguía de gira con Gloria, pero comencé a recibir fragmentos de información de SBK, tales como: Por cierto, hoy Fulano de Tal, de la discográfica, irá a escucharte cantar. Él hablará contigo sobre los otros demos que debes hacer cuando tengas tu próximo descanso.

Lo primero que Emilio dijo después de escuchar la reacción positiva de la gente de SBK fue:

—Tenemos que firmar a tu amigo Miguel ya mismo para que pueda ayudarte a terminar este álbum.

Por suerte, Miguel aceptó. "Just Another Day" había estimulado el apetito de los ejecutivos de las empresas discográficas pero, si queríamos firmar un contrato, necesitábamos completar el proyecto. Desde un punto de vista artístico, Miguel se exigió. Ya teníamos algo que nos gustaba musicalmente, el anteproyecto de una canción que la gente realmente disfrutaba con "Just Another Day". Y Miguel empezó a producir diferentes secuencias mientras yo terminaba la gira.

Completamos el siguiente conjunto de canciones una tras otra: "I'm Free", "Do You Believe in Us", "Angel" y "Do You Really Want Me". Todas esas canciones las escribimos con Miguel y constituyeron el segundo demo que escuchó la disquera. Miguel y yo teníamos una visión de lo que ese disco representaría temáticamente y nos ceñimos a ella. El contenido de las letras había evolucionado y cambiado a medida que refinábamos la música. Afortunadamente, a la gente de SBK le encantó.

Me quedaba un obstáculo más por superar: el jefe de Nancy, Don Rubin, quería verme actuar y hablar conmigo sobre ese segundo conjunto de demos. Voló de Nueva York a Inglaterra y, en ese momento, me permití saborear la realidad de que SBK realmente quería firmar conmigo y tenía mi álbum entre las prioridades de la compañía.

La noche en que Don Rubin viajó a Inglaterra para verme en el escenario, yo estaba enfermo del estómago, con gastroenteritis o una intoxicación. Había estado muy enfermo durante las últimas veinticuatro horas y estaba tan débil por los vómitos que pensé que me desmayaría si cantaba.

Esto es absurdo, pensé en pánico. *Este tipo ha viajado hasta aquí para oírme cantar y mi carrera está llegando a buen término en este momento. ¡No puedo estar enfermo esta noche!*

Pero estaba enfermo. Me sentía tan mal como es posible sentirse sin morir, pero intenté disimularlo. Hice lo imposible por mantenerme hidratado el día del concierto, en un esfuerzo por mitigar los efectos del constante vómito, pero seguía sintiéndome pésimo; sobre todo porque estaba nervioso además de enfermo.

Los otros cantantes habían notado mi situación y parecían preocupados. Yo me estaba quieto, tratando de conservar mi energía. Sabía que estaban nerviosos por lo que podría pasar en el momento en que Gloria me presentara como siempre llevándome de la mano durante el popurrí de baladas que hacía en la mitad del espectáculo.

Cuando Gloria me agarró de la mano, comencé a sudar frío.

Aquí fue, pensé. *Voy a tener que abandonar el escenario o me voy a desmayar.*

Comencé a rezar, comunicándome directamente con cualquier poder superior que pudiera estar escuchando y diciendo: *Por favor, Dios, si tan sólo me permites la oportunidad de hacer mi solo, estaría muy agradecido.*

Seguía sudando a mares. Pero, cuando la última balada de Gloria llegó a su fin, me tiré un pedo enorme. Sabía que los otros cantantes lo habían oído, pero trataron de actuar como si nada. Por el momento, era suficiente; pasar el gas alivió mis intestinos y me sentí ligeramente mejor.

Gloria me llevó de la mano al centro del escenario, como lo hacía en cada show, y yo hice mi parte. Me pareció que sonó bien y sobreviví al resto del espectáculo, aun cuando seguía estando débil. Incluso pude asistir a la reunión con Emilio y Don Rubin, manteniendo mi imagen profesional diciéndome a mí mismo, "al diablo con mi estómago. ¡Me encargaré de él más tarde!".

La reunión estuvo llena de energía positiva. Don dijo:

—Jon, hombre, me encantan todas las canciones que has hecho para nosotros —y procedió a contarme en detalle con qué relacionaba cada canción.

Esta era la prueba final y sabía que la había superado. Continué el recorrido con Gloria y Miami Sound Machine, viajando por el sudeste de Asia, América Latina y todo en el intermedio. Sin importar dónde estábamos, una persona de SBK iba a oírme cantar y presentarme a diferentes filiales de la empresa.

Hoy en día, me alegro de que Emilio fuera cauteloso en la forma en que me dio las noticias poco a poco, en lugar de saturarme cuando cerró el acuerdo con SBK.

—Esto es bueno —podía decir—, pero esperemos a ver qué pasa después.

—¿En serio? —respondía yo siempre, siempre asombrado de

que siguieran llegando buenas noticias. Con él encargándose de las cosas de esa manera más tranquila, pude asumir progresivamente los acontecimientos de última hora entre Emilio y la compañía discográfica.

En el otoño de 1991, firmé oficialmente el contrato con SBK en mi camerino, mientras estábamos en la etapa final de la gira con Gloria. Estábamos en algún lugar de Filipinas cuando Emilio me trajo los papeles y observó:

—Mira, está listo para firmarse. Aquí está.

En muchos sentidos, ese fue el momento más importante de mi carrera, una carrera que ya había llegado a un nivel que yo nunca había imaginado alcanzar. Pero también fue el momento más discreto y surrealista, porque yo ya estaba de gira y hacía malabares para componer durante mis viajes.

Cuando terminé de escribir mi nombre, Emilio me dijo:

—Bueno, eso fue todo. Estamos contratados.

Esta frase escueta desmentía la euforia de Emilio. El hecho de que SBK me hubiera contratado significaba que su carrera iba progresando muy rápidamente. Había vendido un artista latino desconocido a un gran sello discográfico; un sello que promovería a ese artista en el mercado angloparlante. Gloria había luchado para cruzar al mercado anglosajón y, habida cuenta de esas dificultades, Emilio tenía una espina clavada. Él sabía cuánto había tenido que luchar para llegar a este punto en su carrera. Buscaba reconocimiento. Cuando Emilio me acogió, Gloria estaba al borde de convertirse en una superestrella internacional, pero él seguía tratando de probarse a sí mismo. Y ahora yo le estaba ayudando a hacerlo.

Emilio estaba básicamente diciéndole a la industria musical: "Mira lo que he hecho después de todas las estupideces que me han estado diciendo todos estos años sobre Gloria y la música latina. ¿Cuándo van a creer en el futuro de la música híbrida y en lo que estoy haciendo con esta productora? Les he dado a un talentoso artista que canta en ambos idiomas. Ahora ¿creerán que esto es real y que sé lo que estoy haciendo?".

Para Emilio, este momento marcó el comienzo de una época en que las compañías disqueras comenzaron a reconocer el valor comercial de los artistas latinos y su compañía de producción sería el lugar para formarlos y desarrollar sus carreras. Él esperaba que esos artistas arrasaran en la industria musical.

Conmigo, una vez se firmó el acuerdo, Emilio volvió a ser la conocida máquina alimentada por su confianza. Constantemente exponía sus planes tal como los imaginaba: "Está bien, vamos a hacer esto y esto es lo que va a pasar, y voy a pedir tanto dinero para promoverte y nos lo van a dar, y voy a pedirle a Charles Koppelman un avión privado para volar de Miami a Nueva York, y luego un Concorde para ir a Francia, etcétera".

Para cada decisión que había que tomar, Emilio estaba siempre dispuesto. Sabía que tenía la ventaja porque yo realmente le gustaba a la empresa.

—Viajarás siempre en primera clase —me aseguró.

Una vez regresamos a Miami después de la gira de Gloria, Emilio me dio un consejo mientras me preparaba para emprender mi propia gira para lanzar *Just Another Day*.

—Ahora que tenemos el contrato —me dijo—, vas a estar tomándote fotos durante mucho tiempo, Jon. Si Dios quiere, durante el resto de tu carrera. Quiero que pienses en la posibilidad de arreglarte los dientes.

Confiaba en que para Emilio mis intereses eran sus intereses y era cierto que tenía los dientes muy torcidos. Así que, en lugar de sentirme ofendido, decidí seguir su consejo y arreglarme los dientes. Había visto a Gloria cambiar su cabello, estilos de ropa y figura. No tenía ningún problema en arreglarme los dientes si esa mejoría estética podía ayudar a mi imagen como cantante. Fui y me mandé poner frenillo; durante la primera serie de sesiones fotográficas para ese álbum, me aseguré de sonreír con la boca cerrada para ocultarlo.

No podía haber sido más feliz con mi vida profesional, pero mi vida personal era otra historia. Mi matrimonio con Jo estaba terminado y no veía cómo arreglarlo.

Para cuando firmé el contrato por *Just Another Day*, mi matrimonio estaba muerto. Una noche volví a casa después de un espectáculo promocional en una emisora de radio de Miami y encontré a Jo Pat esperándome.

—Mira —me dijo—, tenemos que sentarnos a hablar.

—Muy bien —respondí, aunque habría querido estar en cualquier parte menos en casa con ella. Un nudo de terror se estableció en mi estómago mientras la seguía a la sala.

Una vez estuvimos sentados, Jo Pat meneó la cabeza; sus ojos oscuros brillaban por las lágrimas.

—No sé por qué, pero tus sentimientos hacia mí han cambiado, ¿verdad? —preguntó.

—Sí —admití—. Aún te quiero, pero mis sentimientos ya no son lo suficientemente fuertes para mantenernos juntos.

—Entonces quiero terminar con esto —dijo—. Estoy lista para irme.

Aunque me sentí muy triste en ese momento, también me sentí aliviado de que Jo Pat tuviera el coraje de decir las palabras que yo había sido incapaz de pronunciar, aunque debería haberlo hecho.

—Siento haberte decepcionado —dije.

Jo Pat se mudó inmediatamente y comenzó a procesar los papeles. Después de que firmamos el divorcio, nunca volví a verla.

Una vez más, mi padre fue quien más me ayudó durante esa crisis.

—Mira Jon, Dios no nos puso en esta tierra para ser infelices —me dijo—. La felicidad nunca es completa o permanente. Se experimenta a pedacitos. El resto del tiempo, te enfrentas a tus problemas, cualesquiera que sean, porque tus problemas son solamente tan grandes como tú los hagas. Tienes que trabajar para vivir y experimentar esos momentos felices tanto como puedas. Aprende de esto y sigue adelante.

Sus sabias palabras fueron un regalo para mí en aquel momento y siguen siendo ciertas hoy día. Yo había cometido errores y me estaban pasando la factura. Sólo podía esperar aprender realmente de esos errores, manejar mis problemas y encontrar una manera de seguir siendo feliz. Mientras tanto, mi carrera cogió impulso cuando empecé a promover mi primer disco.

CAPÍTULO ONCE
Juega en equipo

Para cuando terminó oficialmente la gira con Gloria, yo ya había elegido las últimas canciones para completar mi primer disco, *Jon Secada*, en 1992. Fui muy afortunado de que Phil Ramone produjera "Just Another Day" como el primer sencillo, así como "Angel". Clay Ostwald y Jorge Casas, dos de mis amigos que habían producido mucha de la música de Gloria, hicieron el resto. Terminamos el álbum en cuatro meses.

Tenía un presupuesto decente y estaba en una posición extremadamente afortunada. SBK había dejado claro que yo era un artista prioritario y me estaban dando mucha atención y dólares.

El presidente de la compañía, Charles Koppelman, resaltó el hecho de que SBK estaba seriamente involucrada en mi carrera cuando me invitó a Nueva York para conocer al equipo que produciría y promocionaría mi disco. Emilio quería que yo entrara a esas reuniones luciendo y sintiéndome como una estrella, así que me ayudó a comprar un traje de Armani y a adaptarlo para me quedara perfecto. Escogió un muy formal traje de rayas azules y una camisa blanca con un pequeño patrón para darle un toque especial. Nunca me había puesto nada tan elegante.

Cuando llegamos a las oficinas SBK en la Avenue of the Americas en Nueva York, me alegré de llevar ese traje. Mi nueva imagen me permitió entrar a zancadas en esas reuniones, sintiéndome como una especie de Frank Sinatra, elegante y seguro. Fue inmediatamente evidente por las reacciones de la gente que conocí que ser elegante me elevó otro escalón en los ojos de los ejecutivos, que dejaron clara su aprobación.

Charles era todo lo que yo había imaginado que sería el jefe de una compañía disquera; un hombre carismático de traje y corbata, con pelo gris y gafas. Se estaba quedando calvo y siempre parecía tener un cigarro en la mano. Emilio y yo nos reunimos con él en su despacho y luego lo seguimos a una sala de conferencias con una impresionante vista de Manhattan a sus pies. Allí se nos unieron otros ejecutivos y publicistas involucrados en la producción y promoción de mi disco.

Sentado en esa habitación, comencé a entender por primera vez cómo funcionaba el juego en la industria musical. El nivel de reconocimiento para un artista con una compañía discográfica comenzaba con el jefe de la empresa, quien tomaba las principales decisiones. Luego descendía por las diferentes jerarquías de la empresa. Una reunión como ésta, cuyo objetivo era presentarme a mí y a mi música, era crucial en el lanzamiento de un álbum. Este tipo de reunión confirmaba el interés del presidente y la inversión hecha en el artista.

—Jon, queremos que sepas que vamos a hacer nuestro mejor esfuerzo para asegurarnos de que este proyecto sea tan exitoso como puede ser —dijo Charles al comienzo de la reunión—. Vas a ser un elemento importante de esta empresa como artista sin formato, explorando diferentes géneros en las listas.

Luego me pidió que cantara cinco o seis de las canciones del álbum para que todos me escucharan.

¿Acaso todos los presentes en la reunión amaban mi música? Era una multitud diversa y yo no tenía ni idea si les gustaba a todos. Lo que importaba era que al *presidente* le encantaba y yo sabía que eso me daría la oportunidad de tener éxito.

Por "sin formato", Charles quería decir que la compañía iba a ver mi carrera y mi música —especialmente "Just Another Day", el sencillo que estaban a punto de empezar a venderle a las estaciones de radio— como algo con un atractivo muy amplio. El álbum tenía tantas influencias musicales diferentes que podrían venderlo a un amplio espectro de audiencias en lugar de limitarse, digamos, a los adolescentes que escuchaban únicamente música pop.

En aquellos tiempos, la única manera de vender álbumes y artistas era a través de la radio. Hoy, aunque la radio sigue siendo la principal fuerza impulsora cuando se trata de conectar al público con la música, existen docenas de formas de proveer música, incluyendo la descarga y *streaming* de Pandora, YouTube o cualquier cantidad de otras fuentes de música en línea. La promoción en radio requiere grandes inversiones y trabajo; la ventaja de las canciones sin formato como "Just Another Day" era que podrían transmitirse en emisoras de radio especializadas en diversos géneros.

Fiel a su palabra, Charles y su equipo me promovieron a nivel nacional e internacional a través de espectáculos y la radio. Para los músicos de mi banda que irían de gira conmigo, elegí a la mayoría de la gente que trabajaba conmigo en el estudio de Emilio, incluyendo a Miguel. Él tocaba el teclado y yo quería que estuviera allí como cocreador de esas canciones, aunque él nunca había tenido la intención de hacer giras como músico profesional.

Charles y su equipo dejaron claro que yo jugaría un papel importante en la promoción de mi disco. Estaba feliz de hacerlo, dispuesto a hacer todo lo necesario para lograr que ese primer sencillo —y todo el álbum— llegara a tantos oyentes como fuera posible.

El primer lugar donde presentamos "Just Another Day" fue en la Conferencia de Música Midem en Cannes, Francia, donde Charles me presentó a los socios internacionales de EMI. Emilio sugirió que Gloria me acompañara porque ella podría presentarme personalmente a la comunidad internacional de la música, cosa que —en efecto— era otro aval. Gloria asumió el reto. Además, me llevaron en el Concorde. Estos fueron todos momentos novedosos y emocionantes para mí, y cada uno de ellos me hizo sentir que caminaba sonámbulo en medio de un maravilloso sueño en tecnicolor. ¡No quería despertar jamás!

Habiendo escrito canciones para otros artistas y trabajado con ellos como vocalista, sabía lo difícil que era entrar en las estaciones de radio con una canción nueva. De vez en cuando sentía un escalofrío de duda, pensando, *Caramba, podría no llegar a ningún lado. Y entonces, ¿qué?*

Entonces el sello discográfico prescindiría de mí. Eso era.

Comenzamos nuestras visitas promocionales de radio en el noreste. Era como planear una campaña de guerra. Yo generalmente viajaba con Adolfo Ordiales, un ejecutivo de la compañía que aún es mi mejor amigo y mánager. Nuestra amistad surgió naturalmente, pues él se acordaba de mí en los clubes de Miami y sabía que luego entré a formar parte del equipo de producción de Emilio.

Los promotores de radio de SBK estratégicamente señalaban cada estación de radio considerada como una posibilidad. Sistemáticamente, un promotor de radio nos llevaba a Adolfo y a mí a conocer a todos los ejecutivos y DJs de esas emisoras. Nos subíamos al coche a las cinco de la mañana y viajábamos quinientas millas en un día, visitando diferentes emisoras de radio y tratando de convencerlas de que tocaran mi disco, luego regresábamos a Nueva York al final del día sólo para levantarnos y repetir la rutina a la mañana siguiente. Hicimos eso en cada esquina de cada gran mercado donde la empresa quería introducir el sencillo.

A algunas personas les gustaba el disco, a otras no. Hubo directores de programa en las estaciones de radio que básicamente me dijeron a la cara, "Mira, lo siento, 'Just Another Day' es una canción muy bonita pero ¡nunca lo tocaremos acá!".

Sin embargo, los representantes de la compañía discográfica que nos llevaban a Adolfo y a mí a las estaciones fueron tenazmente persistentes. Poco a poco, todos los directivos de las emisoras terminaron escuchando "Just Another Day" y la canción les gustó. Agradecí a Dios todos los días por tener una compañía que me apoyaba tan incansablemente, promocionando mi música.

Poco a poco, las estaciones claves comenzaron a ceder y las personas clave empezaron a disfrutar del disco. Uno de ellos era Lee Chesnut en Star 94, en Atlanta. Era un importante director de programa en esa estación y luego influyó en que otras estaciones tocarán mi sencillo.

Tuve suerte. "Just Another Day" ascendió a los Top 100 en el # 99 durante su semana de estreno. Seguía nervioso —¿cuán fácil sería caer en las listas si uno empezaba allí?—, pero los ejecutivos parecían complacidos. La canción comenzó a ascender después de dos semanas, pero el ascenso era tan lento que me mantenía despierto durante la noche, pensando, *si no vemos resultados pronto, esta gente me va a botar uno de estos días.*

Ante la insistencia de Emilio, grabé un exuberante y emotivo video para "Just Another Day" en las playas de Miami. Miami era prácticamente mi patio trasero, pero la exótica cultura bilingüe de Miami y la sensualidad de las escenas de playa realmente funcionaron bien con la canción. Emilio quería asegurarse de que el video de "Just Another Day" era tan sexy como podía ser y que presentara a Miami como un centro internacional donde sucedían cosas. Como si eso no fuera suficiente, Gloria hizo una breve aparición en el video para asegurarse de que llegaría a una audiencia internacional aun más amplia.

Me encantó la atmósfera de ese video y confiaba en las visiones de Emilio. Aunque canté la canción en *playback* para el video, di todo de mí, intentando vincularme al espíritu emocional de la canción y expresar esa emoción a través de mi expresión facial y lenguaje corporal. Como siempre, estaba asumiendo esas nuevas experiencias y tratando de aprender todo lo que podía.

SBK tenía vínculos con VH1, que estaba más orientada que MTV hacia la música contemporánea para adultos, así que SBK les envió el video. VH1 quedó fascinado con él y lo emitió muchísimo. En la década de 1990, los videos musicales eran sumamente importantes para avanzar las carreras de ciertos artistas, así que me encantó quedar enrolado como artista de VH1.

Además de trabajar con Emilio, firmé contrato con Jorge Pinos en William Morris Agency. Él representaba a Gloria y ahora me iba a ayudar a programar mis conciertos en vivo. A los cinco meses más o menos, yo estaba de gira internacional y "Just Another Day" continuó su constante ascenso en las listas, entrando finalmente a los Top 20 y llegando al #10.

Sin importar dónde estuviera, los del sello me llamaban todos los martes para hacerme saber en qué posición estaba ubicado mi sencillo en esa semana. Continuamente me recordaba a mí mismo que era una suerte haber llegado tan lejos. Mientras esperábamos la llamada semanal, Adolfo y yo nos decíamos el uno al otro: "Mira, aunque la canción empiece a caer ahora, de todas maneras fue un gran éxito".

Al mismo tiempo, yo pronunciaba una oración silenciosa: *Por favor no caigas, por favor no caigas.*

"Just Another Day" quedó estancada entre el #12 y #14 durante un mes o algo así. En ese momento, me dije: *Eso está bien*, sin pensar nunca que alguna vez mi canción llegaría a más oyentes.

• • •

El destino trabaja de manera muy curiosa. El béisbol es uno de los deportes más queridos de Cuba y, cuando era un niño con sobrepeso y ni rastro de un cuerpo atlético, yo había deseado ser uno de esos jugadores de béisbol. Irónicamente, fue mi pasión por el canto lo que me llevó al campo de juego.

En 2005 tuve la oportunidad de jugar en un Juego de las Estrellas con los integrantes del Salón de la Fama. Recuerdo tener la pelota en mi mano y maravillarme de estar allí, en Detroit, jugando frente a una gran multitud. Mi primer turno al bate fue horrible, pero el segundo fue un momento que nunca olvidaré. Fue en la segunda parte de la novena entrada y yo representaba a las celebridades y miembros del Salón de la Fama de la Liga estadounidense. Nos había hecho dos *outs* cuando pasé a batear y el marcador estaba empatado. Por la vida de mis hijos, nadie tiene idea de lo aterrador que fue para mí. Aunque por supuesto me pongo ansioso antes de un concierto, eso no es nada comparado con lo nervioso que estaba en ese momento. Aunque sabía que era un juego de caridad que realmente no significaba mucho, para mí representaba el amor que siento amor por ese deporte.

La multitud estaba enloquecida pero de alguna manera logré concentrarme, a pesar de lo mal que me había ido la primera vez que pasé al bate. Esta vez, me concentré en la pelota, balanceé el bate y atiné el golpe, anotando la carrera ganadora. Al final del juego, fui escogido ¡el jugador más valioso del juego!

Otro gran momento de mi carrera relacionado con el béisbol fue cantar el himno nacional en Toronto, en 1992. Ese momento fue aún más dulce por el hecho de que para entonces ya pude darme el lujo de invitar a Toronto a mi padre, quien compartía mi amor por los deportes.

La primera vez que se jugaron partidos fuera de Estados Unidos fue en la Serie Mundial de 1992. Ese juego en particular enfrentó a los Blue Jays de Toronto contra los Braves de Atlanta en un hermoso estadio cubierto. Cuando llegó el momento de cantar, me sacudí los nervios y me concentré en dar mi mejor actuación.

El himno nacional es difícil, especialmente cuando lo cantas a capella, como lo hice ese día. Es una canción que todos conocemos y respetamos, a pesar de lo cual muchos grandes artistas se equivocan al cantarlo; especialmente cuando el mundo entero los está mirando, hay mucha presión y uno definitivamente no quiere cometer errores. Yo estaba emocionado pero aterrorizado. Para mí, esa canción representa tanto, no sólo como artista sino como inmigrante a los Estados Unidos. Así que muchos de mis deseos y sueños se estaban haciendo realidad en gran parte porque mis padres me habían dado la oportunidad de convertirme en ciudadano estadounidense y vivir una vida libre.

Siempre que canto el himno nacional, pienso en la letra mientras la canto. Hacer eso me permite enfocarme y sumergirme en mi corazón, hasta un lugar que realmente ayuda a que mi desempeño sea más emocional, de tal manera que establezca vínculos con la audiencia. Desde ese día, he cantado el himno nacional probablemente unas veinte veces en grandes eventos, pero ese día en Toronto fue la primera y más importante ocasión en que lo canté en público.

En Toronto canté bien pero no pude quedarme a ver el partido porque teníamos que volar a Europa a continuar con la gira. Adolfo y yo fuimos al aeropuerto en cuanto terminé de cantar. Allí recibí una llamada informándome que "Just Another Day" finalmente había alcanzado el #10 en la lista.

Pensé que, probablemente, la canción comenzaría a descender después de eso. En cambio, siguió ascendiendo y se quedó en los Top 5 durante semanas. ¡No podía creerlo! Después de tantas horas en el estudio, después de todos esos días y meses y años de incertidumbre sobre mi futuro como solista, mi canción estaba allí para quedarse. Y esperaba que yo también.

Mientras estuve de gira y promoviendo de diversas maneras mi primer disco, Emilio estuvo haciendo algunas maniobras políticas tras bambalinas en mi nombre. SBK no tenía ningún sello en español, pero después de aclarar las cosas con ellos, Emilio utilizó sus conexiones en EMI Latino para presentar la idea de adaptar *Jon Secada* al español. Se lo metió todo para lanzarme como un artista híbrido con gran atractivo internacional, especialmente en los grandes mercados hispanos.

En ese momento, los ejecutivos ni siquiera sabían de dónde era yo. Ahora que el primer álbum era un éxito y el momento adecuado había llegado, Emilio se reunió con los ejecutivos de EMI y les dijo casualmente:

—Por cierto, sólo para que lo sepan, Jon es cubano. También canta en español. Adaptar el álbum no costaría mucho, porque lo puede hacer él mismo.

José Behar, de EMI, vio inmediatamente el potencial que tenía en el mercado. Le preguntó a Charles si me podían pedir que hiciera una versión en español de mi primer disco, prometiendo crear su propio presupuesto para promoverme en los mercados hispanohablantes. Charles estuvo de acuerdo y así fue cómo, apenas seis meses después de lanzar *Jon Secada*, saqué un nuevo CD: *Otro día más sin verte.*

Gloria fue clave al ayudarme a traducir las canciones. Cuando estaba escribiendo las canciones de mi primer álbum ella me había dicho:

—Siempre debes escribir las canciones como si la fueras a cantar de por vida porque, si Dios quiere, cantarás tus canciones muchas, muchas veces.

Ahora me dio más buenos consejos mientras ella y otro escritor, Stefano, me ayudaban a adaptar las letras de todas las canciones de mi primer álbum.

—Lo importante de adaptar una canción en inglés al español

—dijo—, es mantener el tema principal de la canción. No traducir nada literalmente. Tan sólo hacer que la canción funcione en español.

Juntos, tradujimos las canciones de manera que el gancho de la canción todavía estuviera allí, la conexión entre la emoción de la música y las letras que haría que la canción resonara con los oyentes y fuera difícil de olvidar. Las canciones en inglés eran realmente un punto de partida para escribir nuevas canciones en español. Una vez más, me sentí agradecido de que Gloria y yo hubiéramos crecido en Miami y pudiéramos pensar en dos idiomas.

Después de traducir las canciones, grabé el álbum entero rápidamente, en medio de las actividades de promoción del sencillo y viajes por todas partes. En mis días libres, iba a Miami a grabar las canciones en español.

También noté que cantar en español me daba una conexión diferente con la música. Mi expresión en español era instintivamente más apasionada, tal vez porque técnicamente prestaba más atención a la pronunciación de las consonantes. Además, el sonido de las vocales es mayor en español, es la naturaleza de la lengua.

Una vez el álbum estuvo listo, José Behar se apropió de él. Para cada canción que había lanzado en inglés, José creó un sencillo en español, y todas las canciones en español fueron un éxito. Comencé a viajar más, cantando no sólo en Europa y Asia sino también en toda Latinoamérica, con un álbum que realmente conectaba con el público. Mi primer álbum vendió más de 6 millones de copias en todo el mundo y fue certificado triple disco de platino.

Yo había jugado en equipo, haciendo el mejor álbum que podía y promoviéndolo con toda mi energía. Los resultados justificaron todo. Me sentí bendecido y conté mis bendiciones en dos idiomas.

CAPÍTULO DOCE
Recuerda de dónde vienes

A pesar de mi éxito en ese primer año con *Jon Secada* y el rápido lanzamiento de *Otro día más sin verte*, yo entendía el juego de la industria discográfica lo suficientemente bien para saber que las disqueras estaban invirtiendo dinero en mi carrera. Todas las ventas se cruzaban contra el dinero que SBK ya me había pagado. Había recibido un generoso anticipo por cada álbum. Sin embargo, el dinero era apenas suficiente para pagar el proceso de grabación y las giras; quedando poco más.

Cuando llegó el momento de hacer mi segundo CD en inglés, el anticipo de SBK fue mucho más grande; un reflejo de lo bien que se vendió el primero. El primer CD ganó millones en ventas, así que yo recibí un anticipo de 2,5 millones de dólares por el segundo álbum. En ese momento entendí cuánto dinero podían hacer las compañías discográficas con un proyecto exitoso.

Intenté seguir adelante sin dejarme llevar por la preocupación de qué podría pasar si mi segundo disco fracasaba, pero eso resultó ser imposible. Hasta este momento, yo había manejado con éxito mis expectativas acerca de mi carrera, sin imaginar nunca que me convertiría en un artista de tal nivel. Ahora, sin embargo, había probado la celebridad y el reconocimiento que conlleva... así como las preocupaciones.

En el momento en que mi música sonó en la radio, en el momento en que establecí una relación con ese importante sello discográfico, me volví adicto al éxito. Ahora estaba considerado como uno de los rostros más prometedores en la industria de la música y eso era estimulante y aterrador a la vez, a pesar de que todavía no había alcanzado el pináculo de lo que la industria considera "exitoso". Eso estaba aún por venir, junto con la angustia.

Una mañana en Miami, conduje hasta el estudio de Emilio y descubrí que acababan de llegar las nominaciones a los Grammy de 1992. Todos estaban emocionados porque mi nombre aparecía como uno de los nominados al Mejor Álbum Pop Latino del Año y Mejor Artista Novel. ¡No podía creerlo! Era una gran noticia no sólo para mí y mi carrera, sino también para el estudio.

Mientras todo el mundo me felicitaba, sentí una oleada de gratitud por haber estado rodeado por tan maravilloso equipo en el estudio de Emilio durante los últimos cinco años. Nunca se me ocurrió que realmente *ganaría* el Grammy, puesto que competía con algunos pesos pesados en la industria, incluyendo a dos de mis cantantes favoritos: Julio Iglesias y Luis Miguel. Parecía poco probable que mi primer álbum venciera a artistas tan consagrados. Sin embargo, solo ver mi nombre en la lista fue una experiencia increíble.

Ese año, la ceremonia de los Premios Grammy se celebró en Nueva York. Fui con Adolfo a la ceremonia y disfruté cada minuto de ella. Ahí estaba yo, viendo a gente como Billy Ray Cyrus y grupos como Arrested Development recibir sus premios. Crecí escuchando a muchos de los artistas que vi esa noche y los respetaba. Reconocí el gran logro que representaba para que mí y para mi carrera estar ahí.

Cuando mi nombre fue anunciado como el ganador del Mejor Álbum de Pop Latino, me sentí en un sueño, fue como una experiencia fuera del cuerpo. Me esforcé para que mis pensamientos o mi ego no volaran fuera de control, en permanecer conectado a tierra en ese momento y mantener mi mente y mi corazón en el lugar correcto.

Fue difícil hacerlo. Casi de inmediato, ganar el Grammy se tradujo en una mayor cobertura radial para mis canciones. Entre las regalías por las canciones que había escrito y las reservas para espectáculos, de repente comencé a ver llegar montones de dinero a mi cuenta bancaria; más del que había tenido en toda mi vida.

Había pasado dos años de gira y todos mis sencillos estaban en *Billboard*. En español, todas las canciones habían llegado a los Top 5 en Música Adulta Contemporánea. En algún momento entre mi primer y segundo álbum, recibí mi primer cheque grande por regalías. Claro, hasta entonces había ganado dinero aquí y allá con la publicación de canciones, pero nada como esto.

Hasta ese momento, había vivido en la misma casa de Hialeah en la que crecí con mis padres, en el mismo apartamento que había compartido con Jo Pat. También conducía el mismo auto que había conducido durante años: un confiable pero muy usado Dodge Colt. En el estudio de Emilio, había un guardia de seguridad en el turno nocturno de quien me hice amigo a lo largo de los años. Era un cubano cálido, que a menudo me hablaba de los problemas que tenía con su coche.

—¿Será mejor deshacerme de él? —me preguntaba de vez en cuando—. ¿O debo seguir enterrando dinero en reparaciones?

Cuando recibí ese primer cheque grande, conduje al estudio y le dije al guardia:

—Oye, hermano, ¿sabes qué? ¿Por qué no te quedas con mi auto? —Le entregué las llaves y pedí a un amigo que me llevara a un concesionario cercano, donde alquilé el primer coche nuevo que tuve en mi vida.

El éxito es una cosa curiosa para los artistas. Cuando alcanzas cierto nivel por encima de todo que has logrado antes, no tienes idea de cómo será hasta que lo vives. Te ves abrumado de atenciones y tienes el dinero con el que sólo te atrevías a soñar. Lo que sucede con la industria de la música es que, cuando estás en la cima, el dinero fluye como un río y crees que nunca se detendrá.

Mi estado de ánimo era peligrosamente eufórico. La verdad —que casi descubro demasiado tarde— es que tener tanto dinero de un momento a otro hace fácil quedar atrapado en un estilo de vida en el que gastas dinero como si fuera sólo papel. Te acostumbras a tener los bolsillos llenos y asumes que la vida siempre será así. Lamentablemente, eso no es cierto para la mayoría de nosotros, artistas o no.

Caí rápidamente en un ciclo de gastos peligroso. Por ejemplo, cuando salía a cenar con los muchachos de mi banda después de un espectáculo, ordenaba botellas de vino de 900 dólares. Otras veces, me escapaba de compras a Las Vegas y gastaba 15.000 dólares en un rato.

Adolfo estaba preocupado por mí. Cada vez que me veía pedir una botella de vino o algo inmensamente caro, meneaba la cabeza y me decía:

—Amigo, no hagas eso. Relájate. Pide algo menos costoso.

Pero no era fácil contenerme. Una y otra vez, gaste dinero frívolamente sólo por la novedad de poder comprar lo que quisiera. Era difícil no darse el lujo cuando cada show representaba decenas de miles de dólares y regularmente recibía cheques de regalías por cientos de miles. Aunque al principio me preguntaba cómo podía ser real ese dinero, rápidamente me volví adicto a tenerlo. El dinero era como dulces en un frasco... podría tomar otro puñado cada vez que me apeteciera.

Finalmente, mis padres intervinieron.

—Ten mucho cuidado en cómo gastas ese dinero, Jon —me advirtió mi padre—. Asegúrate de protegerte y prepararte para el futuro.

Mis padres estaban orgullosos de mi éxito pero, aparte de decirme lo contentos que estaban por mi trabajo con Gloria y mi primer CD, nunca se jactaron ante otras personas. Todavía eran personas muy cuidadosas cuando se trataba de gastar dinero o dar por sentada la buena fortuna. Me sugirieron que invirtiera parte del dinero que estaba ganando.

Insistieron hasta que acepté. Sabía que tenían razón. Había visto a demasiadas personas en el mundo del espectáculo manejar mal sus finanzas hasta el punto en que se quedaban sin nada. Me obligué a frenar mis gastos, aparte de comprar una casa en Miami Beach para mis padres. La verdad es que una vez que has sido pobre, nunca dejas de cuidarte la espalda. Aunque estaba disfrutando de mi nueva riqueza y divirtiéndome gastando dinero impulsivamente —y hubo veces en que derroché mucho dinero en grandes comidas, hoteles y viajes en primera clase— no me sentía totalmente cómodo con ese estilo de vida. También me sentía inseguro, porque no podía creer que esa cantidad de dinero siguiera llegando indefinidamente.

Fue entonces cuando me di cuenta de que había una manera de prepararme para un futuro en el que quizás no tendría tanto dinero y también darles algo de vuelta a mis padres. Ellos todavía tenían su cafetería y seguían trabajando largas horas, administrándola ellos solos. Habían trabajado duro toda su vida y, aunque todavía tenían buena salud, eran mayores de 60 años. Yo quería que vendieran el negocio y se relajaran un poco; cuidando de ellos, podría rendirle homenaje a todo lo que habían hecho por mi vida y mi carrera.

Sin embargo, tendría que ser astuto. Sabía que si le sugería jubilarse, mis vigorosos y tercos padres rechazarían la idea. En cambio, les dije que necesitaba su ayuda.

—Necesito que cuiden de mis finanzas —dije, explicándoles que con su asesoría podría empezar a ahorrar dinero en lugar de gastarlo—. Por favor, quiero que vendan la cafetería. Ya es hora de abandonar esas largas horas de trabajo. Lo han hecho durante suficiente tiempo. Quiero que me ayuden y gasten el tiempo en otras cosas, tal vez relajándose un poco.

Mi padre quedo estupefacto.

—¿Estás seguro?

—Estoy absolutamente seguro —le respondí—. Una vez vendan el negocio, te daré algo de dinero para que lo inviertas por mí en algunas propiedades. Luego necesitaré que me administres esas propiedades, porque yo siempre estoy viajando. ¿Harás eso por mí?

Para mi deleite, mi padre aceptó. Pusieron en venta la cafetería y les di una buena cantidad de dinero para que lo invirtieran con total libertad en lo que consideraran una buena inversión. Y, de hecho, lo hicieron muy bien. Mis padres compraron varios pequeños condominios en el área metropolitana de Miami y los administraban en mi nombre.

Nuestra historia había completado el ciclo. Todos los sacrificios que hicieron mis padres para salir de Cuba, ir a España y Costa Rica para, eventualmente, terminar aquí, cuidando de mí y enviándome a la universidad, habían dado resultados. Ahora yo quería que ellos cosecharan el fruto de sus años de lucha. Estaba seguro de que, pasara lo que pasara, podría ganarme la vida como músico y ayudarles.

Sin lugar a dudas, mi carrera iba sobre ruedas. En 1992 me convertí en el segundo artista en tener dos sencillos en los HOT 100 de *Billboard* durante treinta semanas o más, con "Just Another Day" y "Do You Believe in Us". También era el único artista con cuatro sencillos consecutivos en primer lugar —de un primer álbum— en la lista de Sencillos Latinos de *Billboard*.

Poco después de ganar el Grammy de 1992 al Mejor Álbum

de Pop Latino, también fui nominado para un American Music Award en la categoría de Mejor Artista Adulto Contemporáneo. Este premio era importante porque era concedido sobre la base de qué tan populares eran mis canciones en la radio.

En ese momento, me sentí como si mi carrera estuviera en control de crucero. Dado el éxito del primer álbum y mis varios sencillos, mi agente ya no tenía problema para reservar espectáculos y giras y estos, a su vez, condujeron a una ola de nuevas oportunidades a medida que conocí a más gente en el mundo del espectáculo.

Me había vuelto una celebridad y me reconocían casi dondequiera que fuera; además me gustaba tener admiradores. Mientras otras celebridades de la música eran acosados, yo tuve suerte: mis admiradores eran en su mayoría una buena mezcla de hombres y mujeres adultos que realmente apreciaban mi música y me respetaban como persona.

Entre las flamantes experiencias que me salían al paso estuvieron los programas de televisión. Poco a poco, comencé a hacer más programas de televisión regionales. Luego vino mi primera gran aparición en los medios de comunicación: Joan Rivers me invitó a aparecer en su programa de TV y por primera vez supe lo que la exposición a nivel nacional podía hacer por mi carrera.

The Tonight Show me invitó poco después. Ese era un golpe importante; por lo general, nadie aparecía en ese programa hasta que su canción pasaba de los Top 20, y la mía lo hizo precisamente cuando Jay Leno estaba relevando a Johnny Carson. Me puse muy nervioso en *The Tonight Show* la primera vez, puesto que sabía cuán duro había trabajado la discográfica para conseguirme las oportunidades para actuar a nivel nacional.

Antes de comenzar el programa rece una oración. Algo como esto: "Por favor, por favor, no dejes que arruine nada esta noche. ¡Al menos déjame *lucir* relajado aunque no lo esté!".

Para la mayoría de los grandes programas de la televisión

nacional, hacía una entrevista previa con uno de los productores del show. *The Tonight Show* no fue la excepción.

—Vamos a hacerte algunas preguntas sobre ti —dijo el productor—, y luego Jay retomará algunas de esas preguntas cuando estés al aire. ¿Tienes algo interesante que haya ocurrido y que sea una buena historia para esta noche?

Cuando empezó a interrogarme sobre mi pasado, de repente pensé en Don Johnson.

—Don Johnson me debe dinero —le dije.

Tan pronto las palabras salieron de mi boca, el productor se abalanzó sobre ellas.

—¡Perfecto! —exclamó—. Eso suena genial.

¿Qué había hecho? ¡No podía creer que lo hubiera dicho! Intenté consolarme a mí mismo diciéndome que Jay probablemente no tendría tiempo para preguntarme sobre Don Johnson; a menudo no había mucho tiempo para la entrevista después de cantar.

Puse de lado mis preocupaciones. Como siempre que estaba nervioso, entré en modo híper-concentración. Esa noche canté bien a pesar de mi nerviosismo.

Sin embargo, tan pronto Jay y yo comenzamos a hablar, la primera pregunta que me hizo fue:

—Entonces, ¿es cierto que Don Johnson te debe dinero?

Al diablo con esto, pensé. *Voy a decir la verdad.* ¿Quién sabe? Tal vez Don Johnson escuchara esto y resolviera pagarme.

—Sí, me debe dinero —dije, y le conté la historia.

Años más tarde, vi a Don en una de las fiestas de Emilio. Cuando estuvimos cerca, le lancé una mirada cordial y lo saludé:

—Hola, ¿cómo estás?

Don meneó la cabeza pero pasó de largo junto a mí. Obviamente, no le había gustado lo que hice. Y tampoco me pagó.

• • •

Aunque en ese momento no lo sabía, yo era un pionero en la industria musical de la década de 1990. A diferencia de la mayoría de los artistas latinos que habían logrado cruzar al mercado anglosajón después de afianzarse con álbumes en español, yo representaba al primero de una nueva raza: un artista latino que firmó como anglo antes de crear un álbum en español.

Lo que sucedió conmigo fue sólo un presagio de lo que ocurre hoy en la música pop, con tantos artistas de distintos orígenes étnicos y musicales desempeñándose en el mercado anglosajón. Estoy orgulloso de todos los amigos y colegas que ayudaron a allanar el camino para los artistas híbridos que vemos en escena hoy día, y de mi pequeño papel en ello. También estoy feliz de haber sido capaz de cuidar de mis padres y mostrarles mi gratitud por todo lo que hicieron por mí. Espero nunca olvidar de dónde vengo o a la gente que me ayudó en el camino hacia el éxito.

CAPÍTULO TRECE
Le celebridad es como el crack

Con el éxito de "Just Another Day", mis expectativas —y mi vida— cambiaron de la noche a la mañana. Había probado el triunfo y quería más. Ahora el juego era diferente. En lugar de estar completamente feliz de tomar lo que llegara a mi vida como músico en Miami, había alcanzado un nuevo nivel como artista. Estaba ansioso de seguir demostrándole a SBK y a mí mismo que mi carrera como cantante pop iba a seguir en ascenso.

A principios del otoño de 1993, estaba dedicado a trabajar con Miguel Morejón en el segundo CD, *Heart, Soul, and a Voice*. La primera canción que escribimos se llamó "If You Go". Teníamos un par de canciones que no se incluyeron en *Jon Secada*, "Mental Picture" entre ellas, pero teníamos que escribir otras. Era maravilloso volver a la mesa de dibujo y empezar a crear otra vez.

Además de trabajar con Miguel, también escribí canciones con el equipo de producción del estudio de Emilio que realmente había crecido mucho desde nuestros primeros días juntos. Estaba nervioso con la producción de este segundo CD, porque sabía que la gente de SBK nuevamente estaba invirtiendo fuertemente en mí como artista.

—Intentemos crear algo que suene parecido a "Just Another Day" —le dije a Miguel—. Si hacemos una continuación de esa canción, tal vez nos servirá de trampolín al éxito para este segundo CD.

Al mismo tiempo, era mi instinto como músico experimentar integrando diferentes influencias en mis canciones. Quería que este CD tuviera un sonido más fuerte, más urbano, así que muchos de los arreglos y redobles en algunas de las canciones eran más agresivos. Otras eran más similares a las canciones de *Jon Secada*.

Una vez terminamos *Heart, Soul, and a Voice*, yo quise que el primer sencillo lanzado fuera "Whipped". Esa canción era especial para mí. Fue una canción con una muy contundente fusión de pop, rock, y R&B. Me encantaba porque sentí que realmente representaba lo mejor del nuevo tipo de sonido que estaba produciendo. Contaba con el apoyo del segundo al mando en SBK, Daniel Glass, para lanzarla como el primer sencillo.

Pero, un día en que estaba haciendo una sesión de fotos, me llamó Charles Koppelman:

—Jon, por favor, no hagas esto —me dijo—. Sabes que la empresa te va a apoyar un millón por ciento. Pero no te desvíes. No decepciones a tus admiradores o la radio con esa salida.

Su razonamiento era sencillo: la canción "If You Go", que había escrito con Miguel, tenía más del sabor, esencia, sonido y sentimiento de las canciones de *Jon Secada* y ese álbum había tocado la fibra sensible de muchas personas; un público que probablemente querría escuchar (y comprar) más canciones mías del mismo estilo.

—Comienza con la canción que la gente identificará contigo —me instó Charles.

Al principio me resistí. ¿Acaso no era yo un artista? Y los artistas, ¿no debían estar dispuestos a correr riesgos? Además, ¿no era este el punto culminante de mi carrera, un momento en el que no sólo era posible sino también buena idea exhibir mi versatilidad como cantante y compositor?

Por otro lado, me impresionó que Charles me llamara directamente y yo —como siempre— era ante todo bueno para trabajar en equipo. SBK había invertido dinero, lealtad y mucho trabajo en mi carrera, y si alguien sabía cómo comercializar música ese era Charles Koppelman. Acepté lanzar "If You Go" como el primer sencillo.

Charles dio en el blanco. Ese sencillo llegó rápidamente a los Top 10 y a los Top 5 en adulto contemporáneo. En 1993, fui nombrado Mejor Vocalista Masculino en una encuesta de *Rolling Stone* y una de las diez "más sexys estrellas masculinas del rock" por *Playgirl*. *Otro día más sin verte* ganó Mejor Álbum Pop Latino del Año en los Latin Music Awards de *Billboard* y yo gané ese mismo año el título de Mejor Artista Latino Nuevo del Pop.

En consonancia con el atrevido nuevo sonido del segundo CD, Emilio y otros en mi equipo querían que tuviera un mejor aspecto y estilo de vida.

—Mira, Jon —me decían—, estás haciendo toda esta música provocadora, sexy, así que tienes que lucir y actuar como ese tipo de persona. Tenemos que ponerle pimienta a tu imagen.

Muy en el fondo, yo era una criatura de hábitos. Me había acomodado en mi casa de Miami Beach y todavía estaba tratando de recuperarme del divorcio. Seguí viendo a mis padres a menudo. Sin embargo, quería mostrar respeto al equipo directivo y la disquera, así que les permití definir mi nueva imagen e intenté divertirme con el proceso.

Mi transformación comenzó con la compañía discográfica arrendando una casa independiente en Miami Beach, donde se esperaba que hiciera muchas fiestas en la playa como parte de las actividades de promoción de *Heart, Soul, and a Voice*. Una parte de mí —la parte músico— siempre quería pasar el rato con los chicos de cualquier banda que tocara en las fiestas en vez de jugar a la celebridad, puesto que era lo que había hecho durante tantos años pero sabía que por el momento tendría que desempeñar un papel diferente.

A continuación, mi equipo directivo contrató a Ingrid Casares, una íntima amiga de Madonna, para ayudar a mejorar mi imagen. Trabajar con ella era maravilloso y, por derecho propio, tenía una enorme red de celebridades a las cuales representaba. Lo primero que hizo Ingrid fue ayudarme a vestir más a la moda, de forma más consciente. También me enviaron a eventos sociales para que me vieran socializando con las celebridades.

El primer vídeo para el CD, para la canción "If You Go" fue tremendo; el director ideó un maravilloso argumento y rodamos en las afueras de Los Ángeles. El director y escenógrafo deliberadamente hicieron que todo —incluyéndome a mí— luciera fuerte pero con un toque sensual.

Todo esto se hacía para crear una imagen de alguien que no era yo. En el fondo yo no era un tipo *cool*. Seguía siendo organizado y un poco ansioso, el tipo de persona agradable que siempre es puntual y construye relaciones con otras personas en lugar de quemar puentes cuando las cosas no iban a mi manera. Pero comprendía que para comercializar con éxito mi nuevo álbum, tendría que ser percibido como un soltero extrovertido y sexy, que alternaba con las celebridades y salía con chicas atractivas.

Las citas eran montajes. Modelos u otras artistas aparecían conmigo en ciertos eventos solamente para que nos tomaran fotos y las publicaran en las revistas. Una noche memorable, por ejemplo, el manager de Toni Braxton llamó a preguntarme si podría acompañarla a los American Music Awards; había sido nominada y necesitaba un parejo.

Volé a Los Ángeles y llegué a su hotel en limusina. Cuando

llamé a la puerta de su suite, sus padres estaban allí y Toni todavía estaba arreglándose. Converse con sus padres un rato y luego salimos juntos.

Por supuesto, tal como nuestros mánagers pretendían, aparecer juntos en los American Music Awards creó revuelo. En el momento en que bajamos de la limusina, Toni tomó mi mano y ascendimos por la alfombra roja. El elemento sorpresa de aparecer como pareja causó tal frenesí mediático que nos vimos rodeados de cámaras y fue imposible caminar hasta que el equipo de seguridad nos abrió paso entre la multitud. Toni me dio un beso al sentarnos y al día siguiente nuestras fotografías aparecieron en todos los periódicos y programas de entrevistas de la televisión.

Después de eso, salimos un par de veces más. Definitivamente había una atracción entre nosotros. Toni es una gran dama y un gran talento. Sin embargo, a pesar de lo hermosa y lo divertido que era compartir los reflectores con ella, en ese momento en mi vida me di cuenta de que no podría estar con una mujer cuya vida y ambiciones eran tan parecidas a las mías. Francamente era un pensamiento aterrador, sabiendo que ambos vivíamos bajo las mismas presiones por nuestros horarios y siempre en el centro de atención de los medios de comunicación. Si me casaba con otra celebridad, nunca habría ningún tipo de normalidad en mi vida, porque ambos estaríamos viajando y no habría vida hogareña al final de una gira, o incluso al final del día.

Mis padres siempre habían hablado de querer tener nietos, pero me apoyaron cuando me divorcié de Jo Pat, sabiendo que en última instancia era para mejor, y no parecía importarles que ya estuviera en mis treintas pero nada preparado para tener una familia. Era la primera vez que había vivido lejos de casa durante un período de tiempo. Pero estaba bien. Viajaba tanto que el hogar era solo una cama y poco más.

—Ni se te ocurra pensar en casarte de nuevo —me advirtió mi padre, viendo mi comportamiento con las mujeres. Aunque yo no era exactamente un fiestero, la música es un gran afrodisiaco y ahora que era un artista mejor conocido, me era más fácil conocer mujeres—. No debes casarte en tus actuales circunstancias —me dijo papá—. Tuviste muchas dificultades y estrés emocional con el divorcio. Ahora es el momento de descubrirte a ti mismo. Date cierta libertad, hijo.

Mis amigos también me advirtieron que no debía involucrarme con una mujer en particular.

—Siempre estás de viaje, hombre —me decían—. No puede funcionar.

Pero, ¿los escuché? Aunque salía con muchas mujeres y lo disfrutaba, había una parte de mí que quería estar atado a una sola persona.

Fue por esa época que me involucré con Ana, una mujer a la que había conocido cuando enseñaba en Miami Dade College y en la Universidad de Miami, donde ella tomó una de mis clases de *ensemble* cuando yo era estudiante de postgrado. Ana era mitad cubana y una talentosa cantante. Me gustó inmediatamente y la respetaba como cantante.

Una cosa llevó a otra. Cuando empecé a hacer más conciertos, la contraté para los coros. Eso nos llevó a relacionarnos en un nivel más íntimo al viajar juntos y empezamos a salir.

Fui injusto e infiel a Ana casi desde el primer día. Aunque me importaba mucho, supe inmediatamente que había cometido un error al involucrarme y dejar que pensara que la quería tanto como ella a mí. Debí ser más inteligente y no permitir que nos acercáramos tanto. Pero una vez más me encontré eludiendo ser honesto, porque temía la confrontación.

Las cosas eran aún más complicadas porque trabajábamos y socializábamos juntos muy a menudo, a pesar de lo cual me las arreglé para tener un montón de tiempo y oportunidades para engañarla cuando estábamos de gira. Y siempre me sentía inmensamente culpable. Pero no parecía ser capaz de detenerme.

Finalmente, con la esperanza de resolver mis problemas y resucitar la relación con Ana, decidí invitarla a ir a España conmigo y con mis padres. Involucraba un poco de trabajo promocional, pero era sobre todo un viaje de vacaciones; yo esperaba que Ana y yo nos acercáramos y que estar con mis padres me recordara todo lo que quería en una mujer y en un matrimonio.

Debería haber funcionado. Ana hablaba español así que entre ella y mis padres no había la brecha que Samantha y Jo Pat habían experimentado. Sin embargo, mi madre entendió en seguida que era una relación problemática y que yo quería mi libertad. También me conocía lo suficiente —a veces mejor que yo mismo— para ver que esa relación no iba a ninguna parte. En cada gesto y mirada que me dirigía, mi madre me decía que creía que debía acabar con la comedia en lugar de seguir engañando a esa pobre chica.

El viaje no fue desastroso pero tampoco fue cómodo y, al final, yo ya sabía que Ana no tenía futuro conmigo. Sin embargo, no fue hasta regresar a casa desde España y terminar mi primera gira, que realmente dejamos de vernos; aun entonces, sólo rompimos porque Ana fue lo suficientemente valiente para hacerlo.

—Me voy de aquí —declaró—. Esto no es para mí.

Evidentemente, yo no estaba preparado para tener una relación seria con otra mujer tan pronto después de mi divorcio. Al mismo tiempo, quería ser el tipo de hombre que podría estar en una relación amorosa y comprometida. La ruptura con Ana me dejó no sólo triste porque la lastimé, sino también deprimido y confundido por haber llegado a un punto en mi vida en el que estaba rodeado de gente y, a pesar de ello, no parecía ser capaz de tener una relación física y emocionalmente íntima con una mujer. En lugar de ser honesto, era taimado.

No podía permitirme volver a involucrarme y lastimar a otra buena mujer de esa manera. Mi padre tenía razón. Necesitaba estar solo. Así pasé los siguientes meses trabajando, viajando y sabiendo que tenía suerte de estar en esa posición como artista, pero al mismo tiempo sintiéndome muy solo. Estaba en un proceso de auto-descubrimiento, pues juré arreglar lo que tuviera que arreglar y llegar a conocerme mejor antes de embarcarme en otra relación seria.

Mientras promocionaba mi segundo álbum, me gané el respaldo de AT&T. La empresa quería que participara en la versión hispana de la campaña TrueVoice, que Whitney Houston había hecho para el mercado anglosajón. Me sentí en las nubes cuando mi agente me dio la noticia. Aparecen en la campaña de AT&T me daría un enorme presupuesto para giras así como mucha exposición nacional.

Para el comercial, AT&T me llevó en helicóptero al Gran Cañón, donde me subieron a la cima de un enorme acantilado. Me situé de pie en la cima del acantilado, abrí los brazos como si abrazara el paisaje y canté con toda mi alma, llevando un arnés para asegurarme a la roca. Me gocé cada minuto.

El tour mismo fue igualmente sorprendente. Con solo ese patrocinador, tenía un presupuesto mucho más grande y podría ampliar mi gira, llegando a un público mucho más amplio.

SBK aún estaba haciendo lo posible para apoyar "If You Go" como el primer sencillo. Mientras tanto, pedí ayuda al hermano de Madonna, Chris Ciccone, quien había diseñado el escenario para la gira Ambición Rubia de Madonna en 1990 y dirigido su gira mundial *Girlie Show* en 1993, para producir la gira para *Heart, Soul, and a Voice*. Chris tenía un buen ojo para el diseño y dirección de escenarios, y esta vez yo quería montar un espectáculo que fuera más como una pieza teatral, similar a lo que Madonna estaba haciendo en sus espectáculos aunque a menor escala.

Chris diseñó la imagen de la gira, creando muchos de los elementos de producción inicial, desde el vestuario hasta el espectáculo mismo. Realmente planeamos la forma en que las canciones fluían de una a otra, los cambios de vestuario y cómo crear los estados de ánimo que queríamos por medio de diferentes interludios musicales.

Aunque yo no era bailarín, incluimos un montón de coreografía para que los cantantes de fondo y yo pudiéramos producir mucho movimiento en el escenario y mantener en vilo al público. Esa fue una enorme experiencia para mí como artista discográfico en un nivel diferente y un paso importante de tomar, porque realmente quería convertirme en un artista más versátil, no sólo cantante.

La gira, que fue lanzada en 1994 y nos llevó por todo Estados Unidos y América Latina, incluyó una divertida mezcla de canciones de mis dos álbumes. Había canciones muy enérgicas entre las baladas y tuvimos suerte: no hubo desastres y todos lo disfrutamos mucho.

De todos los lugares en los que estuvimos, mi favorito fue el Radio City Music Hall donde estuve tres noches consecutivas con boletería agotada. Ver a todas esas personas que venían a verme fue impresionante. Por supuesto, durante esa gira mi sentido de responsabilidad se aguzó dado que dependía de mí que resultara un éxito pero, tras haber viajado con Gloria, estaba bien entrenado. Al subir al escenario del Radio City Music Hall, me di cuenta de que estaba viviendo mi sueño. No podía imaginar abandonar el estilo de vida que había conseguido crear para mí.

A lo largo de mi carrera, siempre he intentado mantener la calma y el control incluso durante las crisis. Sin embargo, cuando empecé a experimentar por primera vez el estilo de vida de las celebridades, hubo veces en que me encontré al borde de mi paciencia cuando tenía que soportar abusivos escrutinios de los medios de comunicación.

Una vez, por ejemplo, un periodista escribió un artículo afirmando que era partidario de Castro. Toda la información del artículo era totalmente falsa, pero muy detallada cuando se trataba de cosas que yo supuestamente había dicho. Yo estaba en Venezuela cuando apareció el artículo; llamé a la oficina de Emilio en cuanto lo leí.

—¡Quiero que hagas algo respecto a este reportero! —grité—. ¡Quiero estrangularlo! —Usé todas las palabrotas del diccionario.

Sí, yo era un cubano afroamericano cuyo padre había sido encarcelado por Castro y cuya familia había abandonado todo para ser libre. Trabajaba duro para aprovechar las oportunidades que se me presentaban como artista —y como inmigrante a los Estados Unidos— y continuaría trabajando por lo que sea que llegara a mi vida.

Sin embargo, ser llamado seguidor de Castro después de todo lo que mi familia había soportado no era sólo un tema sensible para mí: era el peor insulto que me podían hacer.

—Sabes que mi padre fue encarcelado durante el régimen de Castro, ¿no? —grité de Venezuela a Miami—. ¡Tenemos que arreglar esto!

Al final, tuvimos que contratar a un abogado porque el periodista insistía en que había grabado una conversación en la cual yo había expresado mi simpatía por Castro. No podía creer que se la jugara así. Tal vez el tipo realmente creía que yo me confundiría acerca de lo que había dicho. Finalmente, sin embargo, el reportero se retractó cuando la ley lo obligó a presentar la grabación. No pidió disculpas, pero al menos corrigió su historia.

Hubo otro incidente con una mujer en algún lugar en el noreste de Estados Unidos. Cuando estaba promoviendo mi segundo CD, esta mujer comenzó a enviar faxes a emisoras y cadenas de televisión con una historia inventada según la cual yo estaba involucrado con una niña de 16 años de edad e iba a tener un hijo con ella. La mujer citaba información detallada sobre personas relacionadas con mi carrera.

En un momento dado, recibí una llamada de una celebridad de Univision, Raúl de Molina. Le agradecí su llamada y que estuviera dispuesto a escuchar mi versión de la historia: que no había absolutamente nada cierto en los faxes de esa mujer.

Emilio, que tenía cierta influencia con Raúl, estuvo presente durante la llamada telefónica. Le dijo que era un cuento totalmente inventado y carente de toda validez, y Raúl nunca lo transmitió en la televisión. No obstante, la situación continuó durante un año. Una vez más tuve que contratar detectives privados y un abogado para rastrear a esa persona. Tomó un tiempo encontrarla y lograr que dejara de enviar esas extrañas historias ficticias. Nunca se disculpó o admitió haber hecho algo incorrecto.

Un efecto secundario de ser una celebridad, fui descubriendo, es que todo el mundo te conoce. Siempre que sales de tu casa, estás totalmente expuesto y vulnerable a la gente que intenta derribarte. Tienes que estar alerta, pero tomar las cosas con calma.

Durante los siguientes seis meses, seguí saliendo con varias mujeres como parte de la promoción de *Heart, Soul, and a Voice*, conociendo gente como Madonna y k.d. lang y experimentando situaciones de ensueño en fiestas fantásticas en las que nunca habría imaginado participar. En aquella época, Madonna tenía una casa en Star Island y ya era un icono en la industria musical. Yo admiraba su música y me encantó descubrir que era muy aterrizada, muy real, hablando de todo, desde sexo hasta deportes.

Pasamos un rato en su casa y luego fuimos a un partido de baloncesto. Después, Madonna me dijo:

—¿Sabes qué? Siempre he querido perforarme el ombligo.

Con la ruidosa insistencia de sus amigos, Madonna fue espontáneamente a un salón de tatuajes en el centro de Miami Beach, con todos nosotros escoltándola, a perforarse el ombligo.

Digo "espontáneamente", pero después me pregunté si realmente había sido así. Madonna era inteligente y audaz. También era muy cuidadosa, muy consciente de cómo se presentaba a sí misma. Era divertida y definitivamente una artista que vivía atrevidamente, pero siempre muy controlada. Yo admiraba y apreciaba el hecho de que Madonna supiera divertirse y decir lo que pensaba, estando siempre consciente del impacto que producía. Lo que quiera que hacía, lo hacía deliberadamente y con cuidado. Yo aspiraba a ser así.

Durante ese tiempo tuve muchas oportunidades para crecer como artista. Un punto culminante de mi carrera fue cantar "Angel" en una ceremonia pública para el Papa Juan Pablo II. El concierto se celebró en Central Park y asistieron más de medio millón de personas. Fue un momento surrealista, ver al Pontífice allí sentado y saber que me estaba escuchando cantar.

También visité la Casa Blanca muchas veces, y el Presidente George W. Bush me designó para servir en la Comisión Asesora del Presidente sobre Excelencia Educativa para los Hispanos.

Sin embargo, de todos esos viajes a Washington, D.C., el más memorable fue el de la toma de posesión del Presidente Bill Clinton, donde tuve el honor de cantar la clásica canción de Ben E. King "Stand by Me" con Luther Vandross, Melissa Etheridge, Shai y el mismo Ben. El día era tan frío que todos estábamos envueltos en bufandas y abrigos, pero no me importó.

Antes de subir al escenario nos reunieron en una carpa. No me importó cuánto tiempo esperamos porque estaba en un lugar que era un verdadero hormiguero de celebridades. Estoy seguro de que mi mandíbula casi se desprende mientras caminaba por allí, asombrado de estar entre ellos.

En un momento dado, estaba de pie junto a Jack Nicholson que observaba a alguien hablar en el monitor. Gruñó y me miró por encima de su hombro.

—Qué buena voz —dijo.

—Sí, tiene razón —respondí. No fui capaz de decir más. Pero aún así, Jack Nicholson me había hablado y eso era suficiente para mí. No había muchos latinos en la toma de posesión y yo lo estaba asimilando y sintiéndome bendecido por estar ahí y representar a los hispanoamericanos. Si esto era la vida de las celebridades, definitivamente yo me había vuelto adicto a ella.

CAPÍTULO CATORCE
La familia lo es todo

Para efectos publicitarios, era importante que me vieran como alguien sociable, soltero y disponible, así que mi equipo directivo continuó organizándome citas con diferentes mujeres. Lo mejor que me pasó en ese extraordinario año social, cuando estaba promoviendo *Heart, Soul, and a Voice*, fue la cita que me reunió con Maritere Vilar, la mujer que llegaría a ser mi segunda esposa y todavía es mi compañera en la vida.

Conocí a Mari de la misma manera en que conocí a tantas mujeres en ese tiempo: a través de una cita a ciegas organizada por un amigo mutuo del estudio. Él me dijo:

—Oye Jon, escucha, ahora que estás saliendo un poco, échale una mirada a esta foto de una chica que conozco. ¿Qué opinas?

La chica de la foto no sólo era bonita. Era preciosa: una bailarina de pelo oscuro y piernas largas que había ayudado a coreografiar un par de videos para Estefan Enterprises.

—Es muy guapa —comenté.

—¿Sí? —preguntó él—. Excelente. ¿Por qué no la invitas a salir?

—Por supuesto —respondí—. Organízalo.

En mi primera cita con Mari fuimos a un concierto de Janet Jackson. La cita había sido un poco un engaño pues nuestro amigo mutuo la llamó para preguntarle:

—¿Quieres ir al concierto de Janet Jackson? Jon Secada va a ir con otras personas del estudio de Estefan, así que te invitamos a venir con nosotros.

Mari aceptó, consciente del hecho de que "nosotros" significaba que "yo" era quien iba a aparecer en su casa como su cita. Quedo completamente desconcertada cuando llegué, solo y en una limusina, a recogerla para ir al concierto; había entendido que sería una salida en grupo. Comenzamos a conversar de camino al concierto y, cuando llegamos, tuve que pedirle un favor.

—Mira, sé que te parecerá extraño pero, podrías tomar mi mano cuando entremos al concierto? —pregunté.

Mari rió y contesto:

—Está bien, no hay problema. Puedo hacerlo.

Me llamó inmediatamente la atención la belleza de Mari, por supuesto, pero también me sentí atraído por su espíritu alegre y brillante. Nos entendimos bien en varias cosas, en parte porque sus antecedentes eran similares a los míos: ella nació en Estados Unidos en una familia cubana, aún vivía en casa con sus padres y disfrutaba pasar tiempo con su grande y ruidosa familia.

Mari había sido criada por padres católicos conservadores arraigados en las tradiciones latinas. Había tenido una vida protegida, a diferencia de muchas otras mujeres con las que había estado saliendo, e inmediatamente me sentí en armonía con sus valores cubano americanos. Nos gustaban la misma música y las mismas comidas, y nos expresábamos de manera muy similar. Mari no era artista, pero era bailarina y apreciaba las artes. Nunca

My dad and me across the
street from our apartment
in Havana, Cuba. *(top left)* \
Mi papá y yo al otro lado de
la calle donde estaba nuestro
departamento en La Habana,
Cuba *(arriba a la izquierda).*

With my parents at a park in
Havana. *(top right)* \ Con mis
papás en un parque en La
Habana *(arriba a la derecha).*

Sporting a baseball outfit in
the hallway of our Havana
apartment building. *(left)* \
Vestido como beisbolista
en el pasillo de nuestro
departamento en La Habana
(izquierda).

All photos courtesy of the author unless otherwise noted. / Todas las fotografías son cortesía del
autor salvo que se indique lo contrario.

Waiting to take down a piñata at one of my birthday parties in Havana. \ Esperando mi turno para romper la piñata durante una de mis fiestas de cumpleaños en La Habana.

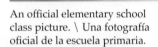

An official elementary school class picture. \ Una fotografía oficial de la escuela primaria.

My family arriving in Costa Rica in 1972. \ Mi familia llegando a Costa Rica en 1972.

Taking first communion next to my mother while we still lived in Spain. \ Haciendo mi primera comunión junto a mi madre cuando todavía vivíamos en España.

With Elvy Rose Alvarez during dress rehearsal of my very first musical in high school. \ Con Elvy Rose Álvarez durante el ensayo de vestuario de mi primera obra musical de la secundaria.

My prom photo. \ Mi fotografía del baile de fin de cursos.

Me during Tae Kwon Do class. *(top left)* \ Yo, durante una clase de Tae Kwon Do *(arriba a la izquierda).*

My parents, our dear friend Lizama, and me in our cafeteria in Miami. *(bottom left)* \ Mis papás, nuestra querida amiga Lizama y yo en nuestra cafetería de Miami *(abajo a la izquierda).*

Me in Japan during my tour with Takanaka. *(bottom right)* \ Yo en Japón durante mi gira con Takanaka *(abajo a la derecha).*

With Larry Lapin, my mentor from University of Miami School of Music. \ Con Larry Lapin, mi mentor de la escuela de Música de la Universidad de Miami.

Singing with the Company in Miami. \ Cantando con la Compañía en Miami.

With Emilio Estefan at a music industry party. \ Con Emilio Estefan en una fiesta de la industria de la música.

Jogging on the beach with Emilio in Acapulco, Mexico. *(top)* \ Trotando en la playa con Emilio, en Acapulco, México *(arriba)*.

While on tour with Gloria Estefan, I had the chance to revisit the cafeteria my parents owned in Costa Rica. *(middle)* \ Durante nuestra gira con Gloria Estefan tuve la oportunidad de volver a la cafetería que fue propiedad de mis papás en Costa Rica *(en medio)*.

Signing my first record contract with SBK / EMI. *(bottom)*\ Firmando mi primer contrato de grabación con SBK / EMI *(abajo)*.

With my castmates from *Grease*. \ Con mis compañeros del elenco de *Grease*.

Filming an AT&T commercial in the canyons of Utah. \ Filmando un comercial de AT&T en los cañones de Utah.

At Super Bowl XXVI
with Gloria and Emilio
Estefan in 1992. \ En
1992, durante el Super
Bowl XXVI, con Gloria
y Emilio Estefan.

Hanging out with my
father during one of my
promotional tours in
1993. \ Con mi padre
durante una de mis giras
de promoción en 1993.

With the great Luciano
Pavarotti in 1996. \
Con el gran Luciano
Pavarotti en 1996.

With Mari and her parents on her twenty-fourth birthday—the day they finally accepted us as a couple! \ Con Mari y sus papás en su cumpleaños número veinticuatro, ¡el mismo día en que finalmente nos aceptaron como pareja!

On a summer trip to Disney with Mari during our engagement. \ Con Mari, en un viaje de verano a Disney cuando éramos novios.

Mari and me during our wedding ceremony. \ Mari y yo durante nuestra boda.

Everyone doing the Macarena at our wedding. \ Todos bailando la Macarena durante la boda.

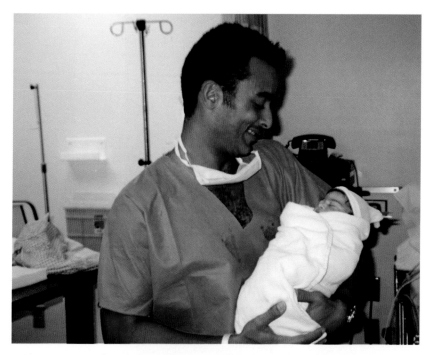

February 15, 1999, the day Mikaela was born. \ 15 de febrero de 1999: el día en que nació Mikaela.

Jon Henri's baptism in November 2002. Gloria and Emilio are his godparents. \ El bautizo de Jon Henri en noviembre de 2002. Gloria y Emilio son sus padrinos.

My fortieth birthday party at Bongos. \ Celebrando mis cuarenta años en Bongos.

My father with Mikaela. \ Mi padre con Mikaela.

Singing onstage with the kids during a concert in Miami in 2004. \ Cantando en el escenario con mis hijos durante un concierto en Miami en 2004.

With my father on my parents'
fiftieth wedding anniversary. \
Con mi padre el día de las Bodas
de Oro de mis papás.

With my parents on my forty-
fourth birthday. \ Con mis papás
celebrando mis cuarenta y cuatro
años.

Me in full makeup for *Cabaret*. \
Yo, completamente maquillado
para *Cabaret*.

On the set of *Latin American Idol* with Jon Henri. \ Con Jon Henri en el set de *Latin American Idol*.

A poster for *Latin American Idol*: (*left to right*) Gustavo Sanchez, Erika de la Vega, me, Mimi Hernandez, and Monchi Balestra. \ Un póster para *Latin American Idol*. De izquierda a derecha: Gustavo Sánchez, Erika de la Vega, yo, Mimi Hernández, y Monchi Balestra.

A family photo taken at Mika's sixth birthday party. \ La familia con Mika en su fiesta de cumpleaños número seis.

Taking a break with the kids during the photo shoot for my album *A Christmas Fiesta*. \ Descansando con los niños durante la sesión fotográfica de mi álbum *A Christmas Fiesta*.

Performing at the 2007 LARAS/ MusiCares ceremony. \ Cantando en la ceremonia MusiCares de los LARAS 2007.

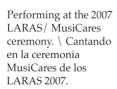

Behind the scenes from my *Classics* album photo shoot. \ Detrás de las cámaras en la sesión fotográfica de mi álbum *Classics*.

Performing in Turkey. *(left)* \ Cantando en Turquía *(izquierda)*.

A picture with my band in Turkey: (*left to right*) Jon Rose, Jack Ciano, me, Javier Carrion, Lindsey Blair. \ Una fotografía con mi banda en Turquía. De izquierda a derecha: Jon Rose, Jack Ciano, yo, Javier Carrión, Lindsey Blair.

Performing at the 2007 ABC Christmas Parade with the *Dancing with the Stars* cast. \ Cantando en el Desfile Navideño de ABC de 2007 con el elenco de *Dancing with the Stars*.

Family is everything. \ La familia lo es todo.

había conocido a alguien como ella y me sentí inmediata y poderosamente atraído por ella.

En ese momento, sin embargo, oficialmente seguía saliendo con Ana. Esta había sido solo una cita publicitaria, como cualquier otra. O, al menos, eso fue lo que me dije a mí mismo. No relacioné lo mucho que disfrutaba de la compañía de esa mujer con el hecho de que algún día podría florecer un amor verdadero entre nosotros.

Yo sabía que tenía una medio hermana, Diosdada Secada, que era trece años mayor que yo, pero cuando niño en Cuba nunca había pasado mucho tiempo con ella. No la había visto u oído de ella desde que dejamos la isla. Diosdada se había distanciado de mi padre por razones que nunca entendí, pero siempre asumí que tenía algo que ver con el divorcio de mi padre y su primera esposa.

Fue sólo después de que mi medio hermano Francisco murió, a mediados de los años ochenta, que Diosdada y mi padre comenzaron a reparar su relación por carta. En 1994, Diosdada comenzó a escribirle sobre su deseo de emigrar a Estados Unidos.

—Estoy lista para salir de Cuba si puedo —le dijo—. Me decepciona y frustra vivir aquí.

Es más, quería traer con ella a una de sus dos hijas: mi sobrina, que entonces tenía 19 años de edad. La otra hija estaba casada e instalada en Cuba.

Esta conversación tuvo lugar mientras yo estaba de gira. Cuando regresé a Miami, fui a cenar a casa de mis padres como de costumbre y mi padre me habló de eso.

—Mira —dijo—, Diosdada está diciendo que quiere venir a Estados Unidos, pero teme no ser bienvenida aquí y que no deba hacerlo.

Mi padre me explicó que Diosdada vacilaba por culpa mía. Tenía miedo de que la odiara por preguntar. Todavía se sentía culpable por haber evitado conocerme cuando era un niño y ahora dependía de mí para ayudarle a arreglar sus documentos, patrocinarla y pagar para instalarla a ella y mi sobrina en la Florida. Temía que fuera mucho pedir.

Pero no lo era. Sabía cuánto significaba Diosdada para mi padre. Además, para nuestra pequeña familia, cualquier familiar era algo maravilloso.

—Es absurdo que esté preocupada por mí —dije—. Si quiere venir, le ayudaremos.

Al día siguiente le escribí una carta a mi hermana diciéndole que cualquier problema familiar que hubiese habido en el pasado era cosa olvidada. "Somos familia", le dije. "Si te sientes cómoda con este arreglo, quisiera cuidar de ti. Te quiero aquí. Hagámoslo".

Me encargué de los papeles, presenté una petición oficial para que Diosdada y su hija, Lori, emigraran a Estados Unidos como refugiados políticos de Cuba. Durante los siguientes seis meses, seguí viajando por doquier entre Estados Unidos y América Latina. Cuando regresé a Miami, ella y Lori habían llegado a este país.

Me dirigí a casa de mis padres en Miami Beach. Ellos sabían que iría; Diosdada me esperaba con Lori en la entrada para saludarme. Fue un poco extraño, pero nos abrazamos como si nada hubiera pasado, riendo y llorando un poco, y supe que había hecho lo correcto.

Mi sobrina empezó a ir a la escuela inmediatamente y se convirtió en esteticista en un salón de belleza. Eventualmente, la otra hija de Diosdada también vino a Miami. Diosdada tuvo varios trabajos y luego se quedó en casa para cuidar de sus nietos. Mientras tanto, ayudé a mantenerlas, buscándoles un lugar para vivir y dándoles dinero hasta que fueron capaces de mantenerse a sí mismas.

Para mi sorpresa, mi madre las acogió tan bien como yo. Fue

un gran apoyo para mi media hermana y sobrinas y, cuando llegó la primera esposa de mi padre, mi madre también la acogió. Habían pasado suficientes años para que no existieran resentimientos entre ellas. Ahora yo también tenía una multitud para compartir las cenas de fiesta, los cumpleaños y los fines de semana. El tiempo realmente tiene una forma de sanar las heridas de la vida.

De vez en cuando veía a mi padre sentado en la sala de estar con sus dos esposas y me causaba gracia el asunto, especialmente cuando él observaba en silencio a mi madre y su ex esposa charlando amigablemente sobre los nietos. Para cualquier otra persona, todo esto tal vez pueda parecer un poco disfuncional, pero para mí, ver a mis padres abrazar a estas personas después todo lo que habían pasado y tener a mi hermana cerca me confirmó una vez más que la familia es todo, sin importar en qué forma viene.

CAPÍTULO QUINCE
El mundo es un escenario para aprender

Cuando se acercaba el final de mi gira de 1995, recibí una llamada de Jorge Pinos, mi agente, diciendo que un productor podría estar interesado en que yo hiciera un espectáculo de Broadway.

—¿Broadway? —exclamé, desconcertado—. ¿Por qué habrían de querer que participe en un espectáculo de Broadway?

Jorge me explicó que los espectáculos de Broadway comenzaban a buscar celebridades que encabezaran sus producciones con el fin de atraer más público.

—Es una nueva tendencia. Los productores de Broadway llaman a ciertos artistas porque su nombre puede dar importancia a sus shows —dijo—. Si quieres hacerlo, ganarás un montón de dinero pero por supuesto también será un montón de trabajo. ¿Te interesa?

Yo estaba intrigado por la oferta. En la secundaria había hecho teatro musical y en la universidad había tenido papeles en revistas musicales e, incluso, en una opereta. Siempre había sentido curiosidad por la actuación y ¿qué mejor plataforma podría haber para poner a prueba mis habilidades como actor que una producción de Broadway? Así que acepté.

La llamada de Nueva York llegó en el momento perfecto. Nuestra gira acababa de terminar y mi segundo álbum había llegado a platino, así que tenía tiempo libre. Los productores sólo querían que me comprometiera por seis meses.

El espectáculo resultó ser *Grease.* Los productores querían no sólo que asumiera uno de los papeles, sino que hiciera el papel del protagonista, Danny Zuko. Me emocionó ser escogido para semejante papel, particularmente puesto que sería uno de los primeros latinos en tener alguna presencia en ese nivel en el escenario de Broadway.

También estaba aterrado. Sabía que los productores iban a sacar toda la ventaja posible del hecho de que yo desempeñara ese papel, así que más valía que lo hiciera bien.

Los productores me instalaron en un apartamento en Trump Tower. Sólo tuvimos dos semanas para ensayar conmigo en el papel de Danny. *¿Cómo diablos me voy a aprender todo esto en dos semanas?*, me pregunté al revisar por primera vez las canciones y me di cuenta de que mi presencia en el show era casi constante, ya fuera cantando, en los números de baile u otras escenas.

¿La respuesta? Un horario riguroso de ensayos y un director de escena decidido a hacerme aprender las canciones y los bailes. Los productores se iban a asegurar de que estuviera tan preparado como fuera posible antes de que me presentara en Nueva York.

Tenía que aprenderme un montón de letras y música, pero eso no me preocupaba tanto como el baile. *Grease* tenía una complicada puesta en escena y los números de baile eran un gran reto, especialmente los tres o cuatro números de baile de la secundaria. Como parte de mi preparación, fui a ver el espectáculo varias veces pero, aún así, me costaba trabajo imaginarme en el papel de Danny. Había un número en particular que incluía una rutina de neumáticos y al final del espectáculo también había un número de baile que tendría que hacer mientras cantaba algunas letras de *doo-wop* que parecían trabalenguas. Además de eso, quería hacer un buen trabajo como actor.

Antes de aparecer en Broadway, los productores querían asegurarse de que había dominado mi papel, así que hicimos una semana de presentaciones en Michigan y una en Hawái antes de la inauguración en Nueva York. Una vez más, asumí ese trabajo con toda la energía y la concentración que dedicaba a cada tarea y, cuando empecé a entender las danzas y las canciones, fue divertido desempeñar mi papel. Al final de las dos semanas, cuando hice el papel de Danny en Broadway, lo desempeñé bastante bien. Eso me dio la confianza para disfrutar con la experiencia.

El reparto de *Grease* en Broadway estaba conformado por artistas experimentados, extremadamente talentosos y con experiencia previa en Broadway. Les agradecí inmensamente la forma en que me incluyeron y ayudaron siempre que lo necesité. Creo que entendieron lo mucho que los respetaba y que quería ser parte del conjunto. Convertirse en otra persona era realmente difícil y yo quería hacerlo tan bien como fuera posible. Me propuse pedir al director de escena y de la obra que me hicieran críticas y aprecié todos los comentarios que me hicieron. Sabía que era la única manera de mejorar como actor.

Hasta que hice el papel en Broadway, no me di cuenta de lo ingenuo que había sido sobre el alto nivel de vigor y talento necesarios para ser un actor de ese calibre. Hicimos ocho espectáculos semanales; era imposible no sentirse hecho trizas en el proceso de representar tantos espectáculos uno tras otro. Además, vivir solo en Nueva York fue una experiencia en sí misma. El espectáculo abarcó los meses de invierno y yo nunca había vivido en un lugar con nieve y hielo.

En retrospectiva, debería habérmelo tomado con calma, dado lo que sucedió durante ese periodo de Broadway, pero en ese momento pensaba que era casi invencible. Sí, estaba en Broadway y pensé: ¿y qué? No podía simplemente congelar mi carrera como compositor por un espectáculo, incluso si era *Grease* y yo desempeñaba el papel principal.

No, yo quería seguir escribiendo canciones y reforzar mi imagen como cantante al mismo tiempo. Era tan novato como actor de Broadway que no tenía idea de cuánta energía necesitaría para sobrevivir esas funciones. Sencillamente, me dediqué a seguir con mi desenfrenada vida alrededor de ellas.

Una de las primeras cosas que hice cuando llegué a Nueva York fue establecer un estudio de grabación en mi apartamento. Luego, le propuse a mi amigo Miguel que se trasladara a Nueva York durante seis meses para que pudiéramos seguir escribiendo canciones juntos.

Otros amigos entraban y salían de mi apartamento y trabajaríamos juntos o saldríamos hasta el momento en que se levantara el telón cada noche. Después de cada función, salía a tomar unas copas con los amigos o los otros artistas en el espectáculo. En la mañana, daba entrevistas o hacía otras actividades promocionales relacionadas con mi carrera, luego escribía canciones y trabajaba en los demos tal como lo había estado haciendo en casa. Incluso me llevé a mis padres a Nueva York. En otras palabras, creé mi pequeña Miami en Nueva York, pero con una gran diferencia: sumé un espectáculo de Broadway a mi agenda. Los fines de semana eran especialmente crueles, con dos shows el sábado y dos el domingo.

Fue durante ese tiempo que EMI llamó a mi puerta y firmé un contrato con ellos para producir un CD en español. De hecho, terminamos de escribir las canciones, completamos la preproducción y grabamos mi tercer disco, *Amor*, mientras estaba actuando en Broadway. Incluso hicimos un video musical para acompañar el lanzamiento del álbum.

Yo quedé complacido con el álbum. Pero, lentamente, mi agitada agenda comenzó a pasarme la factura. Mi voz empezó a enronquecer. Estaba cantando tan bien como podía, pero entonces me sucedió algo que nunca antes me había ocurrido. Fue uno de los momentos más horribles de mi vida.

Con tan sólo un mes para terminar mi primera temporada en Broadway, comencé una actuación sintiendo mi voz muy tensa. Mientras cantaba, bailaba y hacía todo lo que implicaba mi papel, en la mitad del primer acto supe que estaba en problemas. Tenía un número de canto con el que cerraba el primer acto y, al final de la canción, tenía que hacer una nota comenzando con mi voz normal y pasando a un falsete.

Como cantante, tengo una amplio rango vocal así que eso es algo que hago con mucha frecuencia. Sin embargo, hacia la mitad de la canción, sentí que mi voz se apagaba, desapareciendo lentamente, como si alguien estuviera bajándome el volumen. Nunca antes había tenido esa sensación y rezo para no volver a sentirla nunca: estaba a punto de cantar esa extensa nota pero, sin importar cuánto me esforzara, lo único que me salía era aire. Abrí la boca y nada. Sólo el silencio.

Obviamente, todo el mundo enloqueció. Pero esa es la magia de Broadway: cuando algo así le sucede a uno de los artistas, la gente en el reparto está entrenada para ajustarse incluso en medio del espectáculo. Nuestro director de escena sabía exactamente lo que me estaba pasando e inmediatamente modificó el reparto. Algunos miembros del elenco están preparados para ser suplentes de otros y eso es exactamente lo que pasó.

Yo estaba de pie en el escenario y ningún sonido salía de mí. Las luces se apagaron y el director de escena exclamó:

—Sí, Jon, no te preocupes —Me sacó del elenco y me dio el

número telefónico de uno de los mejores médicos de garganta en la ciudad—. Búscalo ya mismo —me urgió— y que mire qué está pasando contigo.

Me sentí decepcionado de mí mismo y del hecho de no poder terminar el programa. No obstante, sabía que no tenía otra opción que ver a ese médico y rezar para que pudiera ayudarme. Estaba aterrado. Si perdía mi voz, mi carrera —todo aquello por lo que había trabajado tan duro— estaría terminada.

Cuando el doctor me examinó, me dijo:

—Tus cuerdas vocales están muy tensas. Están realmente desgastadas, pero creo que estarás bien. Probablemente es sólo agotamiento vocal. ¿Qué lo provocó?

Cuando le conté al doctor todo lo que estaba haciendo, me miró como si estuviera totalmente loco.

—Bueno, sin duda esa es la razón por la que estás aquí —dijo—. Estás haciendo demasiado.

El doctor me dio una inyección de cortisona y estas instrucciones:

—Inmediatamente vas a sentir que puedes cantar como un pájaro, pero vas a mantener la boca cerrada durante todo un día —dijo—. Ni siquiera quiero que hables en las próximas veinticuatro horas. También vas a tomar otro medicamento. Luego veremos qué más hacemos.

Seguí sus instrucciones al pie de la letra. Estaba aterrorizado. Afortunadamente, tres días de descanso solucionaron el problema; pude regresar y terminar mi temporada de *Grease*.

A pesar de este susto, interpretar el rol de Danny Zuko en Broadway fue otro punto culminante de mi carrera porque me enseñó mucho sobre el mundo del espectáculo. Terminé esa producción con la experiencia de haber dominado la habilidad de encarnar un papel: de actuar, sentir y cantar como si realmente fuera otra persona en lugar de mí mismo. También ahí comencé a comprender verdaderamente que mi cuerpo era mi instrumento y que nunca podría volver a maltratarlo de esa manera.

Desde ese momento, decidí incluir mis nuevas habilidades teatrales en mis conciertos en vivo. El mundo era un escenario y yo estaba resuelto a ser el artista más versátil posible, sin importar la forma resultante.

CAPÍTULO DIECISÉIS
El amor puede hacerte una mejor persona

Poco después de mi temporada en Broadway, me concentré en la promoción de mi nuevo CD en español, *Amor*. Cuando EMI me propuso hacer el álbum, pensé que era una gran idea. La realidad de mi carrera en ese momento era que mi factor de reconocimiento y mi estatus de celebridad eran mucho mayores en el mercado latino que en el anglosajón, así que era muy provechoso lanzar un álbum en español.

Amor era un álbum conceptual y las canciones que lo componen fueron resultado de una estrategia deliberada entre mi equipo directivo y los ejecutivos del sello discográfico. Emilio quería hacer un álbum que tuviera el sabor de algo que Frank Sinatra podría haber hecho, pero en español. Su argumento para hacer esto era que daría a mi carrera más profundidad y me haría ver como algo más que un cantante pop.

Estuve de acuerdo con esa idea. En el fondo de mi corazón, todavía amaba cantar jazz. Pensé que el álbum que escribimos y produjimos reflejaba la influencia de cantantes como Sinatra,

Tony Bennett y Ella Fitzgerald, pero tenía suficiente sabor pop para que las canciones llegaran a la radio.

Quizás nada de lo relacionado con las giras para ese álbum fue más emocionante que ser invitado a cantar con el gran Luciano Pavarotti, probablemente el tenor clásico más famoso de la historia. No había estudiado a Pavarotti en la escuela, pero sentía un gran respeto por la música y el entrenamiento clásico porque así fue como me entrenaron como cantante cuando estuve en la universidad.

Como tenor y barítono, canté muchas canciones clásicas incluyendo dos operetas en la universidad, así que respetaba y entendía el talento y técnica necesarios para cantar como Pavarotti. El concierto tuvo lugar en una hermosa noche, cerca de la casa de Pavarotti en Módena, Italia, en un teatro al aire libre. Nos respaldaba una orquesta de 120 músicos y cantamos frente a miles de personas.

De pie en ese escenario italiano al aire libre, al lado de Pavarotti cuando comenzó a cantar "Granada" en español, oí ese instrumento que salía de su enorme cuerpo y quedé totalmente deslumbrado. Tuve que forzarme a volver a mis sentidos para asegurarme de entrar en el momento indicado durante la canción.

Cuando comencé a cantar a su lado, eché un vistazo y vi que Pavarotti estaba situado a casi un pie de distancia de su micrófono. ¡Yo prácticamente me estaba tragando el mío para intentar igualar la energía de su voz! Pero cuando nuestras voces se mezclaron fue un momento perfecto y todavía me encante mirar el vídeo de ese concierto.

Había estado planeando hacer en ese concierto una de las canciones de *Amor*, llamada "Alma con alma", una de las mejores canciones escritas en la historia cubano americana. Pavarotti oyó la canción en un ensayo y le gustó, pero entonces me dijo:

—¿Sabe qué Jon? Usted debe cantar una de sus propias canciones, una que realmente muestre lo que es capaz de hacer.

Pavarotti me dijo esto con tan prototípica pasión italiana que me convenció fácilmente de cambiar la canción a última hora. Logramos la orquestación de "Angel" apenas a tiempo para poder ensayarla. Nunca olvidaré cómo Pavarotti quiso cerciorarse de que yo también tuviera la oportunidad de brillar esa noche.

Resultó ser que *Amor* fue correctamente bautizada, pues mi relación con Mari —que había comenzado como una cita a ciegas y evolucionado gradualmente en una amistad— comenzaba a encenderse por esa época, para consternación de su familia.

Para entonces yo tenía treinta y tantos, y estaba cansado del patrón de mis anteriores relaciones con las mujeres. Había tomado la decisión de examinar mi comportamiento e intentar ser un mejor compañero para cualquier mujer con la que me involucrara seriamente a partir de entonces.

Un día, entré a la oficina del ayudante de Emilio, Frank Amadeo, y vi a Mari allí. Me tomó por sorpresa; nuestro encuentro anterior había sido una cita a ciegas.

—¿Qué haces aquí? —pregunté.

—Acabo de comenzar a trabajar para Frank Amadeo —respondió Mari.

—Oh, eso es maravilloso —dije.

Viajaba tanto que pasó casi un año antes de que volviera a estar en la oficina y descubriera que Mari estaba trabajando allí de tiempo completo. Esta vez realmente llamó mi atención.

¿Qué distinguía a Mari de las muchas otras mujeres con las que había salido desde mi divorcio? Realmente era una atracción mutua de personalidades así como química física. Mari era hermosa y atractiva, sin duda, y compartíamos una herencia cubana-americana y muchos valores, pero fue su espíritu el que me fascinó. No se dejaba abatir por nada y eso sigue siendo verdad hoy día: Mari siempre encuentra la manera de recuperarse, incluso en los momentos más oscuros, con una sonrisa y una actitud positiva. Vi esa cualidad en ella desde el primer día y la he admirado desde entonces.

Tenía once años menos que yo pero —debido a su conexión con el mundo del espectáculo, por su trabajo de bailarina y coreógrafa y ahora en la oficina de Estefan Enterprises— era sensible y conocedora cuando trataba con la gente en ese ambiente. No se intimidaba fácilmente y tenía sus propias ideas.

La primera vez que invité a Mari a almorzar, en marzo de 1995, no aceptó.

—Estoy saliendo con alguien más —explicó.

Más adelante descubrí que, aun cuando Mari sí estaba interesada en mí, me había rechazado porque tenía miedo. Yo tenía una reputación con las mujeres, especialmente en Miami, y ella no quería salir lastimada. Afortunadamente, su padre intervino.

—¿Por qué no sales con él? —le preguntó—. Es sólo un almuerzo. ¿Por qué no aceptas ir?

—No, ¿por qué habría de hacerlo? —le contestó Mari—. Sé lo que está viviendo y cómo es él.

—¿Y qué? —insistió su padre—. Es sólo un almuerzo. ¡Habla con él!

Creo que el papá de Mari la presionó para salir conmigo porque ella acababa de comenzar a trabajar en Estefan Enterprises y él no quería que dejara pasar la oportunidad de una amistad. Probablemente asumió, dada la diferencia en nuestras edades y momentos de la vida, que nada sucedería entre Mari y yo.

Yo la había invitado a almorzar el 31 de marzo. Al día siguiente, el 1 de abril, Mari me llamó para decirme:

—Entonces, ¿vamos a ir a almorzar o no?

—¿Qué quieres decir? —pregunté confundido—. Me dijiste que no podías ir.

—Día de inocentes —me respondió.

Ese fue el principio de una relación que rápidamente se volvió muy seria. Nos acercamos más y más y, a medida que lo hacíamos, supe instintivamente que esta relación y esta mujer eran únicas.

Pero, muy pronto, la familia de Mari entró en pánico. Ella nunca había tenido una relación seria con un hombre. Ahora veían cambios en ella —fundamentalmente un incremento en su independencia, entre su vida de trabajo en Estefan Enterprises y el tiempo que pasaba conmigo— y esos cambios los asustaron. Comenzaron a expresar su desaprobación, no sólo porque pensaban que era demasiado viejo para ella sino también por mi carrera.

Hasta cierto punto podía entenderlos. Era un artista que había dado muchas vueltas y consideraban que era un jugador.

El problema era que, cuanto más intentaba demostrarles lo seriamente que tomaba la relación, más obstinadamente se oponían los padres del Mari a que estuviéramos juntos. Intentaron imponerse.

—No queremos que sigas viendo a ese tipo —le dijo su padre.

Lo llamé para preguntarle el por qué.

—Usted fue quién le dijo que fuera a almorzar conmigo —señalé.

—Lo sé —respondió—. Pero, en última instancia, no creo que les convenga estar juntos. No quiero que usted lastime a mi hija.

—Me estoy empezando a enamorar de su hija —protesté—. De todos modos, ¿no es una decisión que debe tomar ella? Es una adulta. ¿Por qué es usted el que intenta terminar las cosas? Lo siento, pero no hay nada que yo pueda hacer. Mientras ella desee estar conmigo, no voy a dejarla.

—Tan sólo creo que es lo mejor. Soy su padre —insistió él.

Colgué sintiéndome frustrado y enojado. Al mismo tiempo, lo entendía. Los padres de Mari intentaban protegerla. La nuestra es una cultura en la que los lazos familiares son importantes y el cordón umbilical permanece sin importar la edad que tengamos.

Eventualmente, las relaciones con la familia de Mari se volvieron tan difíciles que fui yo quien decidió terminar. La gota que colmó el vaso fue que su madre estaba tan consternada que le dijo a Mari que rompiera conmigo o ella sufriría una crisis nerviosa y moriría. Mari vivía intranquila, dividida entre mí y su familia. Yo no veía ninguna forma de resolver las cosas y estaba listo a darme por vencido.

—Lo último que quiero es que tengas que vivir toda esta angustia —le expliqué y le dije que pensaba que debíamos terminar.

Mari entendió. Fue doloroso para ambos, pero estábamos resueltos a hacer lo mejor para su familia y seguir adelante.

Yo estaba a punto de viajar a Nueva York para promocionar *Amor* y luego seguía para Italia a cantar con Pavarotti. En medio de mi viaje promocional en Nueva York, Mari me llamó.

—Mira, Jon —dijo—. No me importa lo que piensen mis padres. No deseo terminar esto. Te amo y, al fin y al cabo, es mi vida. Mis padres algún día entenderán que esto es lo que quiero.

—¿Estás segura? —pregunté—. Soy mayor que tú y puedo manejar la desaprobación de tus padres. Puedo simplemente voltearles la espalda. Pero tú eres quién tendrá que lidiar con la reacción de tu familia ante esta decisión.

—Estoy totalmente segura —contestó con ferocidad—. Sigamos juntos. Se lo diré a mis padres, pero aún no.

Esa fue la primera vez que vi ese lado agresivo de Mari. Cuando estaba apasionada por hacer que algo sucediera, no se detenía ante nada. Quedé encantado por su pasión y convicción, a pesar de mi preocupación por la idea de que fuera a mantener en secreto su decisión. Sabía que eso significaría una tensión enorme para ella y podría arruinar la relación con su familia por siempre.

En las semanas siguientes, nos vimos furtivamente. Mari tenía que mentirles a sus padres a toda hora. Sin embargo, a su familia le tomó pocas semanas enterarse de que nuestra relación seguía su curso porque para entonces yo era muy conocido en Miami.

Se disgustaron y ella volvió a prometerles que rompería conmigo.

Yo finalmente había encontrado una verdadera pareja en Mari y no estaba dispuesto a dejarla ir. La amaba más que a cualquier mujer con la que hubiera estado. Así que cuando decidí proponerle matrimonio a Mari, sentí que era lo correcto y totalmente natural.

Estaba en México para el Festival de Música de Acapulco. Salí de compras impulsivamente y, antes de que Mari llegara, en una joyería le compré un hermoso anillo de diamante y mi publicista le pidió al cocinero de un restaurante popular que lo pusiera en un postre congelado.

Mari y yo pasamos la tarde juntos y después fuimos a cenar. Yo estaba ansioso y emocionado, puesto que sabía que todavía existía la posibilidad de que ella rechazara mi oferta a causa de la lucha con su familia. En cualquier momento ella podría cambiar de idea y decirme que me olvidara de estar juntos.

Era una hermosa noche iluminada por la luna. Cuando Mari encontró el anillo en el postre, me puse de rodillas y le dije:

—Mari, ¿te casarías conmigo?

Ahí supe lo que Mari realmente deseaba. No lo pensó dos veces; simplemente respondió "sí". Luego rió y lloró al mismo tiempo y yo casi hago lo mismo.

Ella tenía que irse el día siguiente. Cuando nos besábamos de despedida, me dijo:

—No te preocupes. Lo resolveré.

Aún no les había dicho a sus padres que seguíamos juntos, así que se llevó el anillo pero lo ocultó en alguna parte en su dormitorio. Mientras tanto, continué promoviendo *Amor* por todo el mundo, preguntándome qué sucedería después.

En esos días antes de Twitter, Mari y yo logramos mantener nuestro compromiso en secreto de los periódicos mexicanos. Incluso escapamos a los usuales fotógrafos y columnistas de chismes en Miami, probablemente porque yo seguía viviendo una vida bastante normal y modesta. Nunca llamaba mucho la atención y rara vez viajaba en limosina y con séquito, así que logramos vivir varios meses sin que la gente lo notara.

Durante ese tiempo, Mari y yo compramos una casa nueva en la playa cerca a la de mis padres y ella comenzó a remodelarla poco a poco. Aunque nuestros amigos y mis padres sabían sobre nuestro compromiso y eran cuidadosamente comprensivos, estaban preocupados porque la familia de Mari todavía no estaba al tanto. Sentían que estábamos haciendo mal las cosas. En retrospectiva, sé que tenían razón, pero a veces el amor puede ser muy impulsivo.

Pero claro —y nada sorprendente— los padres de Mari eventualmente sumaron dos más dos. Mari había estado buscando el mejor momento para decírselos, pero ese momento nunca llegó. En su lugar, la madre de Mari nos vio un día saliendo de mi casa. Fue un momento incómodo, por decir lo menos, pues la madre de Mari le gritó a Mari que tenía que irse con ella y Mari obedeció.

Como consecuencia de la furia de su madre por haber sido engañada, Mari quedó muy perturbada.

—No sé cómo hacerlo —me dijo, llorando más tarde—. Tenemos que salir de la ciudad y decirles que nos vamos a fugar.

—Está bien —le respondí, intentando calmarla—. Haremos lo que tú quieras.

Reservé billetes a Londres y Mari llamó a sus padres para informarles que nos íbamos.

—Ya sea antes o después del viaje, nos vamos a casar. Va a suceder, sin importar si lo aprueban o no. Nos amamos.

Ese fue el punto que inclinó la balanza. Sus padres finalmente comprendieron que nuestro amor era verdadero e inmediatamente se pusieron en contacto con ella.

—Regresa —le rogó su padre—. Escucha, resolveremos esto. Ahora entendemos cómo te sientes.

Su hermano también pasó al teléfono.

—Por favor, no hagan esto —nos dijo—. Tiene que haber otra manera.

—Esto es entre Mari y yo —le dije—. Es lo que ella desea hacer. La amo y estamos decididos.

Finalmente, nos persuadieron de volver solteros de Londres. Comencé a conocer a su familia muy lentamente. El primer paso fue una cena de reconciliación en su casa, donde el padre de Mari me recibió con un abrazo.

—Lo siento mucho —dijo inmediatamente.

A la mamá de Mari le tomó más tiempo simpatizar conmigo. Durante la cena estuvo silenciosa y seca, pero había cambiado de opinión. Comprendió que se habían equivocado y que si continuaba oponiéndose perdería a su hija.

Charlando durante la cena, vi una vez más la gran similitud entre los valores de la familia de Mari y los míos. Su padre y su hermano acababan de abrir su primera cigarrería. Su madre era agente de bienes raíces y también trabajaba duro administrando varios edificios. Entendían lo que significaba hacer sacrificios y trabajar largas horas para salir adelante.

Sus padres no podrían ser unos mejores suegros. Una vez me conocieron y vieron cómo trataba a su hija y el tipo de hombre de familia que soy, empezaron a apoyarnos 1000 por ciento en todo lo que hemos hecho juntos.

Siento que ahí fue cuando empezó mi verdadero cortejo de Mari, a medida que nos conocíamos en el contexto de nuestras familias. Por eso el álbum *Amor* significa tanto para mí: porque salió cuando Mari y yo superábamos esos problemas y el álbum es sobre el amor en todos sus aspectos: gozosos, dolorosos y complicados.

Amor fue lanzado justo a tiempo para las nominaciones de los Grammy de 1995, logró una como Mejor Álbum de Pop Latino... y ¡ganó!

Ese año no llevé a nadie a la ceremonia de premiación. Aun así, esa noche estaba feliz y entusiasmado y, desde luego, muy emocionado por ganar mi segundo Grammy. Había recorrido un largo camino desde mi primer Grammy, experimentando crecientes dolores como adulto y llegando a la encrucijada donde tuve que decidir si seguir adelante o no con la relación entre Mari y yo.

Además, *Amor* era un CD importante para mí como artista. Obviamente, era importante por haber ganado un premio Grammy, pero musicalmente también fue un gran paso adelante. El álbum fue maravillosamente orquestado por dos importantes productores y arreglistas, Juanito Márquez y Héctor Garrido, y producido por Emilio. Estaba muy orgulloso de él y todavía lo estoy. Le agradezco a Emilio la idea de hacer ese álbum y por desafiarme a regresar a mis raíces del jazz y las técnicas que aprendí en la universidad.

Había un montón de canciones excelentes en ese CD, pero mi favorita era "Entre cuatro paredes". Para mí, esa canción sigue estando entre las mejores cinco que he escrito a lo largo de mi carrera. Me tomó mucho tiempo definir la canción pero, una vez lo hice, supe que capturaba exactamente lo que estaba sucediendo en ese momento en mi corazón, mi mente y mi espíritu.

En "Entre cuatro paredes" me las arreglé para escribir letras que expresan la culminación de los eventos que llevaron a un nuevo lugar en mi vida. Expresé mis sentimientos tras el divorcio, así como la conexión espiritual que tenía con mi padre debido a su profundo amor y su influencia en mi vida. Esa canción también refleja las solitarias horas que viví durante mis viajes y la época en que estaba lidiando con los rigores de estar en Broadway.

Mari y yo nos casamos en 1997. Durante los dieciocho meses que estuvimos comprometidos, los paparazzi comenzaron a caernos lentamente, pero ella era muy aterrizada y tranquila con el hecho de que los fotógrafos podían aparecerse en lugares inesperados. La mayoría de mis admiradores tomaron la noticia de forma positiva.

Habíamos comprado nuestra casa en Miami Beach y la remodelamos lentamente, así que cuando nos casamos ya estaba lista. Tuvimos una boda con todo en Coral Gables, en la Church of the Little Flower, y una recepción en un hotel de Miami. Los quinientos invitados incluían amigos, familiares y muchas personas relacionadas con mi carrera, incluyendo a Charles Koppelman y otros ejecutivos de la industria discográfica y varios artistas latinos.

No canté en la boda; contratamos a una excelente banda local y Emilio subió al escenario y tocó alguna percusión. Hacia el final de la fiesta, más y más músicos subieron al escenario y se convirtió en una animada sesión de improvisación. No podría haber pedido una mejor celebración de mi amor por Mari y el comienzo de nuestra nueva vida juntos.

Cuando reflexiono sobre mi carrera ahora, me doy cuenta de que mi crecimiento personal siempre ha estado entrelazado con mi carrera. Madurar como hombre me llevó a madurar como artista; y convertirme en un exitoso artista me dio la confianza para ser el hombre que quería ser.

El amor me había hecho una mejor persona. Ahora me preparaba para la siguiente fase de mi vida, más adulta, y esa fase estaba llegando con rapidez.

PARTE III

Aprendiendo a volar solo

PART II

CAPÍTULO DIECISIETE
Sé un siervo del proceso

Irónicamente, muchos de nuestros invitados a la boda eran parte de mi familia SBK/EMI y ese día sería la última vez que los veía. Mi cuidadosamente montada carrera estaba a punto de derrumbarse alrededor de mis orejas.

Mi siguiente proyecto para SBK/EMI era un disco en inglés. Mari había dejado de trabajar con Frank Amadeo y los Estefan y me estaba ayudando con la próxima etapa de mi carrera, mientras yo descubría cómo crear y producir el nuevo CD. Yo quería trabajar otra vez con Miguel Morejón. Entonces, Don Rubin de EMI me preguntó:

—Jon, si tuvieras una lista de la gente de EMI que tal vez quieras en tu equipo esta vez, ¿quién sería?

—Soy un gran admirador de Jimmy Jam y Terry Lewis —dije sin necesidad de pensarlo. Siempre había soñado con trabajar con esos hombres talentosos, que eran los productores de Janet Jackson y habían trabajado con muchos otros grandes artistas, incluyendo a Prince.

Así que Don se comunicó con ellos y Jimmy Jam y Terry Lewis accedieron a trabajar conmigo en la mitad de ese disco. Fue una experiencia tremenda. Viajé a su cuartel general en Minneapolis, donde produjimos el disco en pleno invierno. SBK una vez más me había dado un presupuesto decente para trabajar, lo cual fue bueno dado que estos artistas tenían mucha demanda. Trabajar con Jimmy Jam y Terry Lewis en su estudio fue maravilloso, y era muy emocionante estar expuesto a una nueva forma de colaborar y producir canciones. Hoy en día, todavía mantengo correspondencia con ellos.

En ese momento de mi carrera, Emilio y los productores de SBK dejaron la producción ejecutiva del álbum en mis manos. Era mi trabajo asegurarme de que el álbum no fuera esquizofrénico, o sea, que las canciones que había escrito con Miguel para este álbum no chocaran con las que hice con Jimmy Jam y Terry Lewis. Tuve éxito encontrando un espíritu que vinculara las piezas del álbum. La producción de ese CD fue un proceso fantástico en general y me encantó el resultado final.

Me emocionó especialmente el primer sencillo, "Too Late, Too Soon", y sabía que tenía el pleno apoyo de los altos ejecutivos en SBK a quienes conocía desde hacía cinco años. Su objetivo —y el mío— era vincular mi éxito como artista en mercados hispanos con *Amor* a mis contactos anglosajones internacionales.

Como un reloj, la empresa lanzó el sencillo antes del álbum y la maquinaria comercial comenzó a rodar. Acababa de terminar de promover *Amor* en toda Latinoamérica; ahora fui a Europa y Canadá a promover "Too Late, Too Soon" y mi próximo disco en inglés.

Había regresado de la gira brevemente a Miami cuando Emilio me llamó a darme la noticia que marcó no sólo el fin de mi carrera con SBK, sino también el final de las carreras de muchos otros artistas que formaban parte de ese sello.

—SBK ha cerrado sus puertas —me dijo—. Están en ban-carrota.

Ni yo ni nadie más tenía idea de que algo así podía suceder. Sucedió de repente y fue traumático para todos.

Mientras asimilaba ese primer choque de agua fría anun-ciando cambios enormes en la industria de la música, no podía pensar sino *¿y ahora qué?*

La respuesta a esa pregunta era simple: todo se detuvo. No más gira promocional, no más apariciones en televisión. El disco descendió en las listas. Eso fue todo. SBK había cerrado sus puer-tas y toda su propiedad fue distribuida o confiscada por sus em-presas matrices. Eso incluyo todos los proyectos en curso y todo lo que los artistas de SBK habían producido hasta entonces, inclu-yendo mis canciones. Todas las regalías futuras irían a pagar las deudas de la empresa. Nunca vería un centavo más por las can-ciones que había escrito y cantado para SBK.

Cuando me enteré de la noticia, quedé aterrorizado. ¿Cómo era posible que mi carrera terminara así? No quería enfrentar la verdad de que eso estaba sucediendo realmente. Era comparable a un divorcio, del tipo en que tu cónyuge dice:

—Escucha, has sido amoroso y amable y te he conocido por mucho tiempo, pero eso no importa. Me voy a divorciar de ti.

No puedes creer que te vayan a abandonar y quedas sepul-tado en un agujero negro de inseguridad. Me pregunté una y otra vez qué pasaría ahora con la carrera que había hecho, temiendo perder todo aquello por lo que había trabajado tan duro. En un instante, comencé a cuestionarme todas mis decisiones pasadas: tal vez debería haber ahorrado más dinero, hecho un álbum dife-rente o manejarme yo mismo en lugar de firmar con Emilio. In-cluso me pregunté si de alguna manera el mal karma que merecía por mi mal comportamiento hacia Jo Pat estaba viniendo a ven-garse de mí.

Mientras tanto, tuve que luchar para mantener la calma exterior y me sentí cada vez más aislado, porque realmente no podía hablar con nadie sobre lo que estaba sintiendo. No quería preocupar a mi nueva esposa, así que traté de mantener una actitud positiva a su alrededor. También sentí que era esencial mantener mi imagen con otros ejecutivos de la industria discográfica y músicos. Ellos hicieron lo mismo conmigo. Todos estábamos demasiado ocupados simulando ante nuestros colegas, con quienes hablábamos, haciendo creer que todo estaba bien cuando obviamente todo estaba mal.

Una de las preguntas que me hacía repetidamente a mí mismo durante este tiempo era si podría haber hecho algo diferente para protegerme. Ahora sé que la respuesta era no. En retrospectiva, entiendo que ese evento anunciaba los cambios dramáticos que asolaron la industria musical en 1998 y que, como muchos artistas, no vi venir. Estos cambios están vinculados más claramente con Napster, una aplicación desarrollada por un par de adolescentes para compartir archivos y que permitía descargar música de computadoras y archivos de música MP3. En lugar de comprar música, de repente uno podía acceder a las canciones en casa... y gratis. Napster fue "oficialmente" lanzado en mayo de 1999, pero si no hubiera sido esa aplicación, habría sido otra. Internet estaba cambiando radicalmente la forma en que hacíamos todo.

Al principio, los jefes de los principales sellos discográficos intentaron presentar una demanda contra Napster por violación de derechos de autor. Sin embargo, lo que quiera que haya pasado legalmente, no cambió el hecho de que las ventas mundiales de discos iban en picada y más y más personas estaban descargando canciones gratis. El mundo había cambiado y no iba a echar reversa.

• • •

Yo fui más afortunado que muchos artistas, en el sentido de que yo no tenía un lujoso estilo de vida. Mi formación como músico de la clase obrera, junto con mi mentalidad de sobreviviente instintivo, me ayudaron a superar poco a poco el pánico. Si alguna vez hubo un momento en que debiera ser resistente, este era. Estaba perdido y tenía que encontrarme otra vez. Rápidamente.

Probablemente más que nadie, mi padre me ayudó durante este tiempo. Su postura fue siempre escuchar lo que yo tenía que decir y luego solía decirme:

—Jon, sigue haciendo lo que estás haciendo. Concéntrate y sé fuerte. Has llegado tan lejos siendo la persona que eres y el tipo de artista que eres. No vaciles. —Por último, me recordaba que Dios estaba conmigo—: Cree en ti mismo y en el Espíritu Santo.

Me tomó un tiempo sacudirme, pero poco a poco lo logré. Con ayuda de mi padre y Mari a mi lado, me recordé a mí mismo que yo seguía siendo la misma persona con las mismas pasiones —sólo que más sabio y más experimentado. Sí, el negocio de la música había cambiado, pero aún era un artista trabajador con los dones que Dios me había dado. Estaba decidido a reconstruir mi carrera.

Entré en modo invisible mientras organizaba mis recursos y pensaba en cómo relanzar con éxito mi carrera. Lo primero que hice fue buscar un mánager. Había trabajado con Juan Carlos Sánchez desde 1994; ahora decidí recurrir a mi amigo José Estefan, el hermano de Emilio, y le pedí que me ayudara a administrar mis ingresos. Por el momento, tendría estabilidad económica gracias al dinero procedente de giras y propagandas, las inversiones que mis padres habían hecho en mi nombre y mis ahorros. Además, todavía trabajaba en Estefan Enterprises, colaborando con diversos artistas para producir sus canciones y escribiendo continuamente nuevas canciones mías.

• • •

Entre los artistas con los que trabajaba en el estudio de Emilio estaba Mandy Moore, quien era muy talentosa. Ella tenía su carrera como actriz, pero estaba embarcándose en una nueva aventura como cantante. Yo le hacía la voz de apoyo y la entrenaba; Mandy estaba bien protegida por su familia y era concentrada y seria.

Irónicamente, por esa época también trabajé con Lindsay Lohan. Como Mandy, Lindsay era muy joven, probablemente no tenía más de diecisiete años y una personalidad muy determinada. Sin embargo, Lindsay no estaba preparada para ser una artista discográfica. Hicimos demos y su voz tenía un gran potencial, pero no terminó el proyecto. Aún así, nunca me habría imaginado la vida alocada e inquieta que tendría Lindsay. Es sólo ahora, mirando hacia atrás, que veo que la principal diferencia entre Mandy y Lindsay era el tipo de dirección que tenían en ese momento de sus carreras. La mayoría de los artistas adolescentes necesitan estar rodeados de adultos que los guíen cuidadosamente por la vida hasta ser lo suficientemente maduros para manejar la atención que se recibe de los medios de comunicación.

Otro talentoso artista que colaboró con el equipo de Estefan Enterprises fue Marc Anthony. Como Gloria y yo, era un artista híbrido en los años noventa. Luego forjó una carrera más fuerte como artista latino debido a su profunda conexión con la salsa y otros tipos de música tropical.

Marc llegó al estudio y tocó un montón de canciones que quería incluir en su próximo disco. Allí sentados, empezó a cantar con los demos a voz en cuello y pidió nuestra opinión. El material era increíble. Más allá de eso, la voz de Marc es un instrumento potente y lo usa con tan poco esfuerzo que me impresionó muchísimo el gran cantante que es.

Dos de las más grandes artistas femeninas que tuve la oportunidad de conocer durante ese tiempo fueron Jennifer Lopez y Shakira. Una colaboración fluyó muy bien, la otra definitivamente no.

Incluso antes de conocerla, sentía que conocía a Jennifer Lopez por haberla visto en la pantalla gigante. Admiraba su actuación y estaba orgulloso de lo que había logrado ya como mujer hispana en Estados Unidos.

En persona, Jennifer es todo lo que parece ser como cantante, actriz y juez de *American Idol*: una mujer dulce, atractiva, encantadora y extremadamente talentosa. Tiene ese encanto mágico que hacía que cada hombre con el que trabajaba se enamorara un poco de ella. Ella quería que nos sintiéramos atraídos por ella y coqueteaba para que así fuera, pero también era extremadamente honesta acerca de querer nuestra orientación.

Tommy Mottola, el jefe de Sony y un buen amigo de Emilio, había descubierto a Mariah Carey, se casó con ella y le ayudó a avanzar su carrera. Ahora él había firmado con Jennifer Lopez. Tuve la suerte de colaborar con ella en "Baila", la primera canción que presentó como artista pop de Sony.

Una vez, mientras trabajaba con Jennifer como productor y compositor, ella se volvió hacia mí con la sonrisa más hermosa posible y me dijo:

—Mira, necesito que me ayudes. Sé que tengo un largo camino por recorrer como cantante, pero estoy aquí y quiero ser la mejor artista pop.

Nunca olvidaré ese momento, ya que Jennifer fue muy honesta y estaba resuelta a trabajar duro. Su franqueza y transparencia me inspiraron a apoyarla aún más para alcanzar el éxito y lo ha logrado más allá de toda medida.

Con Mandy y Jennifer, como con la mayoría de cantantes a los que he dirigido y producido a lo largo de mi carrera, hice todo lo posible para hacerles sentir que estaba de su lado. En lugar de presentarme como artista, elegí ser complaciente, recurrir a todo lo que había aprendido como educador, compositor y productor para convertirme en un servidor en el proceso de hacer música. Quería entrenarlas para que ampliaran sus capacidades cómodamente, empujándolas constantemente para ir más profundo y sacar mejores notas sin sentirse intimidadas durante las sesiones de grabación.

Hoy en día, me sigue encantando sentarme en la cabina de producción, grabando tantos cortes como sea posible, pero siempre alimentando la confianza del artista, diciéndoles:

—Bien, eso fue realmente genial. Ahora, hagamos un corte más.

Durante la producción, tengo personalidad de animadora, y llego a dar brincos para animar a la persona si es necesario; me convierto en motivador y educador, ayudando a los cantantes a descomponer los sonidos y hacerlos aún más ricos. Después de cada corte, le pregunto al cantante:

—Está bien, ¿cómo te sentiste con esa toma? ¿Te gustó?

Incluso si el cantante dice que sí y tiene una mirada de confianza, yo diré:

—Es genial. Hagamos otro corte.

Si el cantante parece frustrado, le sugiero cosas para la siguiente toma, siempre diciendo:

—Eso sonó muy bien. Ahora ensayemos esto. Finge que te pegas en el estómago y dejas caer la mandíbula, o levanta las manos cuando llegues a la última nota.

Hago lo que sea necesario para animar a los cantantes a cantar con todo su cuerpo y a asumir con confianza riesgos vocales.

Jennifer y Shakira pueden parecer similares bajo el resplandor de los reflectores de los medios de comunicación —ambas son cantantes latinas atractivas y talentosas— pero mientras Jennifer es cálida y acogedora en la mayoría de las situaciones, Shakira es asertiva y muy seria. Aunque las cosas entre nosotros no fueron tan fáciles al principio, aprendí mucho de ella.

Mi primera experiencia de trabajo con Shakira no fue de entrenamiento vocal o producción, sino en un proyecto de composición. Shakira llevó al estudio una canción que necesitaba completar. Comencé a trabajar en ello, arreglando la canción aquí y allá, añadiendo una nueva sección y, porque siempre termino lo que empiezo, hice un demo del producto final para asegurarme de que Shakira lo aprobaba.

Me comunicaba con Shakira a través de su director musical, porque ella estaba viajando mucho en esa época, y yo trataba de mantenerla informada sobre lo que estaba haciendo con la canción. Nunca recibí una respuesta. No me molestó especialmente; a veces las personas no responden si están ocupadas.

Finalmente, Shakira se puso en contacto conmigo. La canción aún no tenía letra; ella me mostró algunas de las letras que había escrito en español mientras yo trabajaba en la canción en inglés.

Finalmente, cuando fui a su casa para escuchar lo que tenía, me mostró su versión en español.

—Shakira, ¿escuchaste el demo que te envié? —le pregunté y, por lo que dijo, llegué a la conclusión de que sí lo había escuchado y no tenía problema con él.

Salí de esa reunión para completar la canción. Unos ocho meses más tarde, recibí una llamada de la editora de Emilio.

—Jon, tengo buenas y malas noticias —dijo.

La buena noticia era que Alejandro Fernández había oído el demo que hice para Shakira y quería utilizarlo en uno de sus álbumes.

—La mala noticia es que Shakira dice que nunca supo que habías terminado la canción y no quiere darte crédito.

Por supuesto, yo no tenía ningún acuerdo escrito con Shakira. La única opción era llamarla yo mismo para decidir cómo dividiríamos los créditos de la composición y, por extensión, los derechos de autor. Resultó que Shakira no estaba interesada en dividir nada.

—Jon, lo siento —dijo—, pero nunca acordé ni aprobé darte crédito.

Balbuceé, totalmente desconcertado por su negativa.

—Mira, entiendo que la mayor parte de la canción es tuya —le dije— y tal vez hubo un malentendido, pero lo único que quiero es un porcentaje de las regalías de la canción. ¿De acuerdo? ¿Nos entendemos?

—No —respondió—. Quiero toda la canción.

Hasta ese día, profesionalmente, nunca me había molestado tanto con nadie como con Shakira. Al final de la conversación estaba gritándole por el teléfono.

—¿De qué demonios estás hablando? —le grité—. ¿Bromeas? o ¿estás loca? Entiendo que la mayoría de la canción es tuya, pero este tipo oyó el demo con la parte que yo escribí, ¡y eso es lo que quiere!

Shakira finalmente dijo:

—Está bien, Jon. No grites, no te pongas así. Baja la voz.

—¡No puedo bajar la voz cuando me dices algo que no tiene sentido para mí! —grité.

Tengo que reconocer: Shakira permaneció tranquila todo el tiempo. Al final, me dijo:

—Jon, mira, te daré el diez por ciento de las regalías, pero para mí es importante aparecer como el único compositor de esa canción.

Entonces me di cuenta de que para Shakira había un principio profesional unido a su dura posición, así que acepté.

—Me parece bien —dije—. No necesito que mi nombre aparezca en la canción mientras me des el diez por ciento.

Colgamos y mi mano seguía temblando.

Desde entonces, Shakira y yo nos hemos reconciliado y trabajado juntos muchas veces. Lo que me quedó de ese encuentro fue el respeto por el compromiso implacable de Shakira con luchar por lo que era importante para ella que, en ese momento, era presentarse a sí misma como compositora. Shakira es una empresaria dura y ese es uno de los motivos por los que ha tenido una carrera tan exitosa.

Desde ese momento, fui mucho más cuidadoso cuando escribía canciones con otras personas. Shakira sabía luchar por sí misma y eso se convertiría en algo cada vez más importante para mí en el futuro.

Ricky Martin también estaba en los estudios en esa época. Había conocido a Ricky en Nueva York, cuando actué en *Grease*. Lo habían llevado a Nueva York para encabezar una producción de Broadway de *Les Misérables*.

Desde nuestro primer encuentro, aprecié su espíritu calmado y reconfortante. Además de ser un gran artista, tiene una personalidad muy agradable y siempre habla con mucha profundidad. Está en sintonía con la gente a su alrededor y, más importante aún, con su propia espiritualidad. Tal vez por eso las cosas salieron como lo hicieron cuando quiso una de mis canciones —la canción que se convertiría en el megahit "She's All I Ever Had" y, en su versión en español, "Bella".

Ricky había comenzado su carrera a los doce años con el grupo Menudo y luego le siguieron sus álbumes en español como solista. En 1998 trabajaba en su primer CD en inglés, un proyecto de Sony, y había muchos rumores sobre él en la industria musical. En ese momento, Ricky y yo nos habíamos visto muchas veces en eventos de la industria. Ricky estaba trabajando con Robi Rosa, a quien veía a menudo en el estudio; recientemente había estrenado "Livin' La Vida Loca" y ya estaba haciendo mucho ruido en la radio.

En términos generales, era maravilloso estar otra vez en el estudio. La productora de Emilio estaba más ocupada que nunca, con hasta cincuenta compositores, productores y arreglistas trabajando en las instalaciones en cualquier momento. Me encantaba colaborar con tanto talento cada día. Al mismo tiempo, fue un período de transición enervante. Cada día en el estudio, me preguntaba a mí mismo: ¿qué estoy haciendo aquí? ¿Cuál es el propósito de este viaje?

Mientras, Emilio contactó a Sony Music en mi nombre y consiguió negociar un contrato para mí. Inmediatamente empecé a escribir las canciones que se convertirían en parte de mi primer proyecto con Sony, "Better Part of Me", que sería lanzado en el año 2000. A pesar de la satisfacción de que Emilio hubiera logrado eso en mi nombre, mi mentalidad había cambiado. Ahora entendía que el negocio de la música era incierto. No quería perder la confianza en mí mismo o mi fe en la gente con la que trabajaba, pero había visto que las situaciones podían derrumbarse muy fácilmente. Incluso mientras firmaba el trato con Sony y prescindía de toda arrogancia, caminaba sobre cáscaras de huevo y siempre buscando tierra firme.

Como era mi costumbre, iba al estudio todos los días para presentar ciertas canciones a quien quiera que estuviera allí. Una mañana me encontré con mi amigo el escritor y productor George Noriega. Estaba muy emocionado porque acababa de completar con Robi Rosa algunas ideas musicales para el álbum de Ricky.

George empezó a tocar algunas de esas ideas, en ese momento, tan sólo fragmentos de melodías. No muchas letras ni nada, sólo lo que me gusta llamar "murmullos geniales". Cada uno duraba unos pocos segundos. Uno de esos murmullos realmente me entusiasmó.

—Sí, a mí también me gusta ese —reconoció George.

—Terminemos esa canción —le sugerí. Como siempre, me gustaba hacer demos de cualquier canción en la que trabajaba, como para darles un toque más permanente.

Lo que me gustó de ese fragmento en particular fue la combinación del ostinato que George estaba tocando y las ideas melódicas de Robi Rosa. Robi era muy talentoso; si sentía una conexión con un compositor, era capaz de comenzar a tararear algo en cuestión de segundos. Ese fue el caso con estas ideas.

George y yo nos pusimos citas para terminar la canción juntos. Eventualmente yo acabé la letra, retomando palabras de los murmullos que Robi había grabado, y George terminó la música. La canción se convirtió en "She's All I Ever Had". Hice un demo para poder escucharla, cantándola como si la canción fuese escrita para mí. Me gustó tanto que comencé a tocarla ante otras personas en el estudio, reforzando el demo un poco más.

Robi aún no había escuchado la canción, pero sabía que George y yo la habíamos terminado, así que le pidió a George que pusiera el demo la próxima vez que fuera al estudio. Su reacción fue:

—¡Vaya, hombre!

—Sí —dijo George con entusiasmo—. Escucha qué bien suena Jon en esta canción.

En ese momento exacto, según me informó George después, Robi recibió una llamada de Angelo Medina —quien era su mánager y el de Ricky— y Robi le dijo:

—Oye, vaya, acabo de escuchar esta canción que Jon Secada escribió usando una de mis ideas. George y Jon la terminaron y la canción suena increíble.

Robi permaneció en silencio en el teléfono mientras escuchaba lo que le decía Angelo y luego dijo:

—Pero, Angelo, no es así, hombre. No, no, no. Sí, ya sé que estoy aquí para escribir para Ricky. Lo sé, pero no es así, hombre. ¡No es así!

Al parecer, Angelo se había dado cuenta de que si Robi pensaba que la canción era tan buena, probablemente lo era, y Ricky debía cantarla. Angelo le pidió a Robi que le enviara la canción a él y a Ricky. Efectivamente, Ricky se enamoró de mi canción.

Obviamente, yo no sabía nada de eso entonces. Estaba de gira. Cuando regresé a Miami, Emilio se acercó a mí y dijo:

—Mira, Jon, tenemos un pequeño problema. Al final del día, la decisión es tuya.

Me contó que Ricky quería "She's All I Ever Had" para su nuevo disco en inglés y que debía decidir si lo autorizaba o no. Emilio tenía claro que yo quería incluir la canción en mi propio disco —por eso la había terminado y hecho el demo— y, por supuesto, Ricky y todos los relacionados con Sony lo sabían. Éramos compañeros de sello.

Emilio no me dijo qué hacer, pero usó su tradicional y sutil influencia. Me llamó a su oficina y dijo:

—No tienes que hacer nada, Jon. Puedes usar la canción, la puedes poner en tu disco, y podría ser un gran éxito o no. Pero Ricky realmente, realmente, ama la canción. De hecho, toda su gente la ama.

También me recordó que "Livin' La Vida Loca" ya era un gran éxito en la radio y luego agregó:

—Hablándote como a un artista, yo diría, oye, tú deberías usar esa canción ti mismo. Pero como tu editor, yo diría que debes darle esta canción a Ricky. Le gusta lo suficiente para que sea un sencillo y sería un segundo sencillo después de "Livin' La Vida Loca". Puedo decirte ahora que Sony le dará mucha promoción y mercadeo a este proyecto de Ricky, así que con él llegará lejos. Podría ser un #1 para ti, pero sin duda será un #1 para Ricky, con el apoyo que está recibiendo de la disquera.

Honestamente, eso era todo lo que yo necesitaba oír. En últimas, yo realmente quería lo mejor para la canción. Así que me dije a mí mismo que crearía otras cosas tan buenas como esa, y le dejé "She's All I Ever Had" a Ricky.

También terminé siendo parte del equipo de producción de la canción. La canción estaba un poco fuera del rango vocal de Ricky, así que actué como coproductor y le ayudé con las voces de fondo. Él hizo un gran trabajo en "She's All I Ever Had" y llegó al tope de las listas en 1999. En 2001, gané un premio BMI al Mejor

Compositor Pop por "She's All I Ever Had" y el mismo premio por la versión española de "Bella" en la categoría BMI Latino.

Hasta hoy, cada vez que oigo "She's All I Ever Had" en la radio, le subo el volumen... me siento feliz y orgulloso de esa canción. Estaba orgulloso de lo que había logrado como compositor y por el hecho de estar haciendo lo que quería hacer. ¿Cuántas personas pueden decir eso sobre sus vidas?

Al mismo tiempo, era muy consciente de que no estaba satisfecho solamente escribiendo canciones. Una parte de mí esperaba muy pacientemente, completando canciones que esperaba formarían parte de mi próximo disco para poder retomar mi carrera como artista. Cada día respiraba hondo y me decía a mí mismo que seguía siendo un artista aunque pareciera que estaba otra vez donde comencé. Como mi padre a menudo me aconsejaba, me recordé a mí mismo mirar cada día con nuevos ojos, seguir creyendo en mí mismo y recordando de dónde vengo, y honrar todo cuánto había conseguido.

Poco tiempo después visitamos a Tommy Mottola en Nueva York y fuimos con él a cenar a un restaurante italiano. Para entonces, había visto a Tommy muchas veces, topándome con él la primera vez cuando él aún trabajaba en EMI. Sin importar qué tan breves fueran nuestros encuentros, siempre fue claro que Tommy era un resuelto ejecutivo que siempre se centraba en tomar las decisiones necesarias para impulsar la carrera de un cantante, incluso si eran decisiones difíciles. Tenía una larga lista de artistas.

En la mesa, se nos unieron Tommy y un par de otros altos ejecutivos de Sony que no dejaron de hablar con Emilio sobre el éxito de Ricky con "Livin' La Vida Loca" y la forma en que estaba arrasando en el medio.

En muchos sentidos fue una escena clásica de las cenas de esa época, con los ejecutivos de las discográficas hablando de canciones y artistas, emisoras de radio y estrategias de mercadeo. Emilio era un gran productor de Tommy y había trabajado con todo tipo de artistas de Sony a lo largo de sus carreras, anglos e hispanos y de todo, así que estaban entusiasmados de estar juntos y hablar de negocios.

En un momento dado, Emilio mencionó el álbum que yo acababa de terminar. Tommy me aseguró que tenían un plan para mí, pero la conversación prosiguió rápidamente.

Tengo que admitirlo: me sentí un poco fatal. Yo no era "el" artista del momento. Ahora era el turno de Ricky Martin. Emilio me había invitado porque era un buen compañero. Además de ser artista discográfico, había estado involucrado en la composición y producción de muchas de las canciones de las que estaban hablando en la mesa.

Mientras escuchaba las conversaciones, pude oír el ritmo del cambio que se avecinaba. La forma de la industria de la música estaba cambiando rápidamente bajo nuestros pies. De repente me alegré de estar ahí. Al aprovechar las oportunidades de trabajar con tantos artistas talentosos como entrenador vocal, compositor y productor, estaba permitiéndome convertirme en un servidor en el proceso de hacer buena música. También me convertí en un estudiante de Emilio, sobre todo cuando observaba la forma en que manejaba las reuniones con ejecutivos, y aprendía su manera de presentar y vender sus ideas a los más altos ejecutivos de la música en el planeta. Fue un gran taller y el proceso me producía alegría. Mejor aún, comprendí que estaba absorbiendo conocimientos que utilizaría más adelante, cuando llegara la hora de diversificar mi carrera y volver a crearme una y otra vez.

CAPÍTULO DIECIOCHO
La paternidad es la mejor parte de mí

El matrimonio representó para mí un choque menor que para Mari, porque yo había vivido antes con una mujer y ella había llevado una vida muy protegida. Sin embargo, incluso después de dieciocho meses de noviazgo, todavía tuvimos sorpresas cuando nos mudamos juntos.

El principal problema que tuvimos que enfrentar fue nuestras personalidades opuestas. Sí, los opuestos se atraen; a menos que intenten vivir juntos. En ese caso, es una batalla tras otra. Mari y yo teníamos orígenes similares, pero donde ella era abiertamente emocional y ágil para expresar sus opiniones, yo tendía a ser relajado e incluso, en ocasiones, pasivo en mis intentos de evitar la confrontación. Cuando nos fuimos a vivir juntos, Mari me enloquecía con su personalidad tipo A, agresiva a veces —era demasiado parecido a lo que había visto en mis propios padres—, y yo casi la enloquezco con lo que ella veía como mi renuencia a afirmar, o incluso expresar, mis deseos.

Yo estaba haciendo todo lo posible para evitar tener el tipo de matrimonio que había visto tenían mis padres, con mi padre estallando a la menor provocación y mi madre tomando posición y atacándolo de vuelta. Inicialmente, me hice el propósito de tener la paciencia y la comunicación para contenerme en una discusión. El problema era que Mari, en un esfuerzo por hacer que le comunicara lo que estaba pensando y sentía, me presionaba y espoleaba en su enérgico estilo hasta que yo alcanzaba el punto de ebullición y explotaba.

Los primeros años de nuestro matrimonio fueron un proceso de descubrimiento enorme, mientras luchábamos con nuestras diferencias pero siempre comprometidos a superarlas una y otra vez gracias al profundo amor que nos unía. Continué reprimiendo mis sentimientos, o intentando hacerlo, y debo reconocer que Mari hacía lo imposible para que le contara lo que tenía dentro de mí, sin importar el escudo protector que usara porque el poder de mis emociones me asustaba.

Aunque Mari y yo todavía estábamos aprendiendo a vivir juntos, habíamos decidido tener hijos más pronto que tarde porque yo ya tenía treinta y tantos años. Recuerdo el viaje en el que Mari concibió a nuestra hija. Estábamos en Nueva York para asistir a la fiesta de unos amigos y regresamos al hotel después de beber un poco más de lo conveniente. Poco después, ella anunció que estaba embarazada.

A pesar de mi alegría, como de costumbre, mi primer impulso instintivo fue guardar silencio y reflexionar sobre la magnitud del momento, demasiados pensamientos y sentimientos estaban invadiéndome en un instante. Nos sonreímos mutuamente y nos sentamos en silencio durante unos instantes, luego nos abrazamos y comenzamos a hablar con entusiasmo sobre todo lo que podría ocurrir a partir de ese momento.

La paternidad fue para mí casi como un renacer. Inmediatamente quise cambiar mi vida, quedarme en casa —en lugar de viajar constantemente como lo había estado haciendo— para poder ser el padre que quería ser.

Nuestra hermosa hija, Mikaela, nació el 15 de febrero de 1999. Estuve presente en el nacimiento de mi hija y dormí con Mari en su habitación todo el tiempo que estuvo en el hospital. Ahora era oficialmente la cabeza de una familia.

Sabía cómo me habían criado mis padres y sentía un nuevo respeto por las dificultades que habían sufrido, sus batallas para sobrevivir y su perseverancia como pareja. Cada persona, cada pareja, lleva un mundo interior, y es difícil saber qué hay dentro de ese mundo. Mucho de eso me fue revelado el día que nació mi hija. Creo que Mari y yo realmente nos definimos como personas cuando nos convertimos en padres. Todavía estábamos desafiándonos mutuamente cada día, mientras tratábamos de expresar lo que sentíamos sin tomar las cosas tan a pecho y superábamos nuestros desacuerdos, grandes y pequeños.

Después de tener hijos, Mari y yo nos prometimos ser aún más inteligentes como comunicadores. Queríamos elegir cuidadosamente nuestras palabras y pensamientos, y ser siempre conscientes de lo que decíamos delante de nuestros hijos o a ellos, para poder criarlos de manera que pudieran convertirse en lo que quisieran al mismo tiempo que manteníamos los valores familiares de amor, compromiso, trabajo duro y compasión que tanto respetábamos. No siempre fue fácil.

Una vez Mikaela llegó a casa, me emocionó ayudarle a Mari de cualquier manera posible, desde alimentar al bebé hasta cambiarle los pañales. Por suerte pude hacerlo ya que estábamos terminando mi nuevo álbum para Sony y todavía no se había organizado la gira promocional.

Cuando llegó el momento de hacer el video para el primer sencillo del álbum en España, literalmente no quería dejar a mi familia. Muy en el fondo sabía que, después de tantos años de concentrarme en mi carrera, ahora deseaba concentrarme en otra cosa: mi vida personal. Mis prioridades definitivamente habían cambiado.

Durante mi transición a la paternidad, Emilio había negociado para mí un contrato de tres álbumes con Sony. El primero de esos álbumes, *Better Part of Me*, fue lanzado en el año 2000.

Las canciones de ese álbum fueron escritas por una variedad de colaboradores. Había permitido que me guiaran en varias direcciones mientras creaba las canciones de ese CD porque era nuevo en Sony y quería volver a ser un jugador de equipo. En retrospectiva, probablemente fue uno de los errores más grandes de mi carrera.

Aceptar trabajar con tanta gente diferente en Sony fue una decisión política, pero sincera. Yo sabía lo que estaba pasando en la industria musical, donde las cosas eran cada vez menos favorables para los artistas en todos los ámbitos en términos de cómo se estaban manejando y priorizando los proyectos. Siempre he sido un poco camaleón y, dado que era nuevo con Sony, conscientemente dejé que su equipo dirigiera con quién debía trabajar, incluyendo co-compositores y productores.

El resultado fue un *collage*. Algunas de las canciones me las dio Tommy Mottola y exigían colaborar con Tony Moran y Ric Wake, entre otros. También tuve un joven productor, Steve Morales, con un fondo de R&B urbano en algunas de las otras canciones. En total, cuatro equipos de producción participaron en el álbum.

Fue la primera vez que mi amigo Miguel no participó en uno de mis proyectos. Él entendía la presión que tenía sobre mí y sabía que estaba tratando de hacer lo correcto para mi carrera, pero una parte de él se sintió herida por mi decisión.

Todavía me cuestiono muchas de las decisiones que tomé

para ese álbum. La ventaja fue que hacer ese álbum me dio la oportunidad de explorar nuevas relaciones de trabajo con gente a la que no conocía y hubo una sinergia interesante al armar el conjunto. Cada uno de esos artistas trajo algo nuevo a mi manera de hacer música. Pero, al reflexionar sobre el proceso, me doy cuenta de que no debí entregarme tan completamente al equipo de Sony. En el momento en que lo hice, perdí el control. El álbum carecía de mi sello personal. Debería haber tenido un ego más fuerte.

Y resultó ser que Sony era una empresa mucho más grande que EMI y el álbum no estuvo a la altura de las expectativas de la compañía y mías. En lugar de ser una prioridad con Sony, como había sido con EMI, yo era tan solo un artista más para Sony; además, ese fue el comienzo de los recortes presupuestarios en todos los ámbitos para la mayoría de las compañías discográficas. Si un proyecto no prometía desde el primer sencillo o si el proceso inicial de comercialización era menos que exitoso, se reducía inmediatamente la prioridad dada al proyecto.

Eso fue lo que le pasó a *Better Part of Me*. El álbum no fracasó totalmente, pero tampoco fue un gran éxito de ventas. Las cosas habían seguido cambiando radicalmente en la industria musical, así que las empresas discográficas se apresuraban a reducir sus pérdidas en lugar de promover y desarrollar nuevos talentos; cosa que sin duda era costosa y, en el año 2000, potencialmente una causa perdida. Era más probable que retiraran el dinero que había estado manteniendo un disco con vida a que utilizaran todas las posibilidades de promoción para garantizar su éxito.

Fracasar con *Better Part of Me* no fue solamente una decepción para mí. Fue uno de los momentos más frustrantes de mi carrera. Quedé completamente desconcertado por el repentino desinterés del sello en mí y enojado conmigo mismo por no ser capaz de cambiar eso. Me torturé una y otra vez con las mismas preguntas: ¿Qué podría haber hecho de otra manera para garantizar el éxito de ese álbum? ¿Qué podría haber hecho la empresa para apoyarme mejor?

Finalmente, decidí que no tenía sentido seguir reprendiéndome por las decisiones que había tomado. Tenía que ver esto como un serio llamado de alerta. Ese fue el comienzo de un nuevo día para mí. Si quería seguir haciendo lo que amaba hacer, iba a tener que pensar más independientemente y tomar decisiones diferentes. Todavía tenía contrato con Sony para dos álbumes más, pero las cosas estaban cambiando en nuestras narices. A menos que yo también empezara a cambiar, mi carrera estaba condenada.

Desde ese momento, decidí hacer más preguntas y tomar un enfoque más práctico respecto a las decisiones cotidianas en todos los ámbitos, desde la producción de mis álbumes hasta su mercadeo. Tendría que averiguar cuáles eran los planes de la compañía para mí y asumir el papel de trabajador independiente, alguien que se hacía cargo de su propio destino, estuviera o no con un sello discográfico cuando el contrato con Sony se cumpliera. E iba a hacer todo eso a la luz de mi nuevo rol como esposo y padre que quería viajar menos y vivir una vida más equilibrada.

Mi siguiente proyecto con Sony surgió de la idea de Tommy Mottola de que debía hacer un álbum de navidad. Me encantó la idea. Los álbumes de tema festivo son "perennes" en la industria musical, ya que la temporada anual significa que siempre hay una manera fácil de comercializar el CD.

Hicimos el disco de la manera más clásica posible y sigue siendo una de mis grabaciones favoritas. Había trabajado con un excelente arreglista y productor dominicano, José Antonio Molina, cuando dirigió el concierto que hice con Pavarotti. Ahora José Antonio estaba trabajando bastante con Emilio. Era un consumado pianista y compositor, y tuvimos la suerte de contar con su ayuda cuando Emilio y yo estábamos eligiendo una colección de canciones clásicas de navidad para el álbum.

Sabíamos que queríamos hacer un disco completamente orquestado. También éramos conscientes de los costos que implicaría esa calidad de sonido. José Antonio nos dijo:

—Oigan, denme un mes y tendré algo para ustedes.

Tener una idea de cómo serían los arreglos nos podría ahorrar un montón de tiempo y dinero. Así que escogimos las canciones, se las dimos a José Antonio y un mes después fuimos a su casa a oír cómo las había arreglado. Allí, descubrimos que había instalado un hermoso teclado con un tremendo sintetizador y un increíble *string patch* unido a él. José Antonio comenzó a tocar un arreglo de cada canción como sonaría con una orquesta real.

Quedé pasmado. Nunca había visto a ningún músico hacer eso.

—Hombre, no sé qué decir —conseguí balbucear—. Eso suena genial.

Habíamos decidido hacer el álbum al estilo de la vieja escuela de grabación, conmigo cantando con la orquesta en una cabina de aislamiento.

—Eres uno de los pocos cantantes que podrían hacer eso —me dijo José Antonio.

Grabamos el álbum completo en cuatro días. José Antonio había escrito todas las partes y fue como si yo estuviera frente a Mozart o algo así, viéndolo hacer esos arreglos con la orquesta.

Apropiadamente, llamamos a nuestro álbum de navidad *The Gift*. Realmente era eso, porque crear *The Gift* me permitió hacer una nueva grabación quedándome en casa con mi mujer y mi pequeña hija. Y aun después de que salí de Sony, este álbum siguió siendo esencial en su catálogo. Incluso hoy en día sigue produciendo. Lo más importante, es un álbum del que estoy especialmente orgulloso porque lo hice a mi manera.

• • •

Definitivamente, ser padre abrió un nuevo capítulo en mi vida. Fue un punto crucial y condujo a una serie de revelaciones sobre mi vida en la música. Siempre había escrito canciones desde un lugar muy espiritual y siempre había sido una persona reflexiva. Ahora, ser padre me llevó a examinar más profundamente mi vida —y la de las personas que me rodeaban— desde una perspectiva más madura.

En cuanto a mi carrera, el círculo se había completado. Había encontrado lo mejor de mí en la paternidad. Tras el éxito de mis dos primeros álbumes, había sido adicto a la celebridad, pensando que lo único que necesitaba era otra canción que llegara a las listas y sería feliz. Ahora me di cuenta de que realmente lo que mi padre siempre me decía era verdad: la felicidad no es permanente. Es pasajera. Disfrútala mientras puedas y encuéntrala donde puedas.

Sabía que era posible crear canciones exitosas porque ya lo había hecho. Había disfrutado un poco de esa vida rápida como centro de atención de los medios de comunicación. No me importaría volver a hacerlo pero, al mismo tiempo, ahora mis prioridades eran definitivamente diferentes. Había regresado a disfrutar del proceso de hacer música a mi manera, a mi propio ritmo, al reinventarme a mí mismo como un artista que podía equilibrar una carrera exitosa con una vida de familia.

CAPÍTULO DIECINUEVE
A medida que el mundo cambia,
tú también tienes que cambiar

El 11 de septiembre de 2001, me encontraba en Los Ángeles como presentador de los primeros Grammy Latinos. Siempre he sido madrugador y nunca olvidaré despertar con la noticia de que las torres gemelas habían sido derribadas. Como todos, mi reacción fue de incredulidad, miedo y confusión.

Mi primera preocupación durante esos terribles días tras el ataque terrorista fue regresar a casa, a mi familia en la Florida. Eso no era fácil ya que nadie estaba volando a ningún lugar. Algunos de mis amigos lograron alquilar coches o casas rodantes para conducir de regreso pero, cuando iniciaban su viaje, los aeropuertos abrieron. Aunque muy asustado de volar durante ese tiempo incierto, cogí el primer vuelo de madrugada que salió de Los Ángeles.

Tan pronto como estuve en Miami, Emilio me planteó la posibilidad de producir una canción para recaudar dinero para las víctimas del 9/11. El proyecto era una empresa enorme e involucraba grabar las voces de sesenta artistas latinos, incluyendo a José Feliciano, Christina Aguilera, Jennifer Lopez y Ricky Martin.

La canción que produjimos fue escrita por Emilio y el cantautor peruano Gian Marco. Titulada "The Last Goodbye" o "El Último Adiós", fue un reto no sólo cantarla sino también producirla porque tuvimos que coordinar muchas voces diferentes. Yo estaba a cargo de la producción vocal de la canción y asumí ese proyecto con todo el amor de mi corazón, retomando una vez más el rol de entrenador y animador de artistas a los que admiraba, para crear un sonido unificado a partir de muchas voces.

Poco después de que esa canción estuvo lista, tuve la oportunidad de volver a Broadway. Por ello, tengo que darle el crédito a mi veterano agente, Jorge Pinos de William Morris. Jorge había creído en mí desde el primer día y había sido responsable de la mayoría de mis compromisos.

Jorge sabía cuánto había disfrutado haciendo *Grease*. Ahora, me dijo, había una nueva producción de *Cabaret* en Nueva York y estaban buscando a alguien para desempeñar el papel del maestro de ceremonias; el mismo papel que Joel Grey había hecho tan popular en la versión cinematográfica.

Quedé encantado con la idea. Esta producción de *Cabaret* estaba siendo dirigida por el gran Sam Mendes, quien había hecho un montón de películas, y la coreografía era de Rob Marshall, quien más tarde hizo la película *Chicago*. La primera vez que el espectáculo había sido montado en Broadway, Alan Cumming ganó un Tony Award por su papel como el maestro de ceremonias; la persona a la que vi en el papel fue Neil Patrick Harris, quien representó a Doogie Howser en televisión y es una de las estrellas de la exitosa comedia *How I Met Your Mother*.

No tenía idea de qué esperar de *Cabaret* hasta la noche que fui a verla. Conocía la música y la historia, pero la película se hizo en los años setenta y esta era una producción nueva, renovada. Era un espectáculo muy sexy ambientado en un cabaret de los años treinta. En muchos sentidos, era mucho más subido de tono de lo aceptado en las películas. Sam y Rob habían tomado los personajes, el argumento de la historia y la música, despojándolos hasta hacerlos tan crudos como pudieron.

En cuanto vi el show, quise hacer el papel. Estaba seguro de que el rol de maestro de ceremonias cambiaría mi vida como artista para siempre. Tendría el reto de hacer cosas que nunca había hecho antes, de entrar en la mente y el cuerpo de un personaje completamente diferente a mí.

En *Grease* me habían dado dos semanas para prepararme para el papel, luego otras dos semanas para aprender la coreografía y los demás aspectos de la producción. Sabiendo que mi papel en *Cabaret* sería más difícil de representar que el de Danny Zuko, decidí viajar temprano a Nueva York para recibir entrenamiento. El papel del maestro de ceremonias era el de un drogadicto bisexual y transexual con acento alemán, que usaba maquillaje, vestidos, ligueros y tacones. Llevaba pintados los pezones y una cruz gamada en el rabo, y tendría que aparecer desnudo al final del primer acto. Para eso, definitivamente necesitaba ayuda.

Para comenzar, estaba decidido a estar en la mejor forma física de mi vida. Seguía siendo delgado y me ejercitaba un poco desde que salí de la universidad, pero no consistentemente. Ahora quería tonificar mi cuerpo, sacar músculos y calentar motores para este físicamente exigente papel. Creo que este cambio repentino en mi pensamiento era parte del cambio mental que estaba haciendo para verme como un artista versátil, no sólo un cantante. Quería hacer algo para templar mi cuerpo porque instintivamente sabía que verme tan bien como pudiera era parte de mi proceso de crecimiento como artista independiente.

Lenta pero firmemente, comencé a incorporar mi rutina de ejercicios en mi estilo de vida —como una realidad constante— empezando con un entrenador para identificar las rutinas que más me servirían. Entre más me metía en ello, más me daba cuenta de que aunque estuviera viajando para un concierto, tenía que estar pendiente de mis hábitos alimenticios y ejercicios para estar en mi mejor forma. Durante los últimos ocho años, he seguido un régimen de entrenamiento estable seis días a la semana, correr o caminar, combinado con entrenamiento con pesas y ejercicios cardiovasculares y abdominales.

Antes de que comenzaran los ensayos oficiales para *Cabaret*, también conseguí un experimentado entrenador de actuación, uno cuya especialidad era trabajar con celebridades que tomaban papeles en Broadway. El entrenador fue más allá de ayudarme a aprender mis parlamentos, llevándome a captar la personalidad coqueta y extravagante del personaje que representaría. También trabajé con un entrenador de dicción. Como latino, me pareció especialmente difícil dominar la parte de hablar en inglés con un acento alemán.

Estaría haciendo ocho espectáculos a la semana y, esta vez, estaba decidido a mantenerme saludable. Como había aprendido de mi experiencia en *Grease*, lograrlo exigiría disciplina y suerte. Ninguna de las personas que habían representado el papel del maestro de ceremonias en el pasado había logrado hacer toda la temporada sin faltar a una o dos funciones, porque el papel era vocal y físicamente exigente. Se esperaba que me moviera por todo el escenario desde el principio hasta el final del espectáculo. Me propuse alimentarme lo más saludablemente posible y rara vez salí por la noche, decidido a dejar descansar mi cuerpo y mi voz. Estoy orgulloso de decir que nunca, en siete meses y medio, falté a una función.

Encarnar a un personaje tan dramáticamente diferente fue

una experiencia estimulante, un papel que me llevó lejos de mi elemento como artista. Aún así, también fue una experiencia dura. Mari y yo habíamos sido bendecidos por un segundo hijo, nuestro hijo Jon Henri, un año antes de que empezara el espectáculo; en un momento dado llevó a los niños y una niñera al apartamento de un dormitorio en el que yo me hospedaba, pero el espectáculo era demasiado exigente para que ninguno de nosotros disfrutara mucho. Ella se llevó a los niños de regreso a Miami y me quedé solo. Fue una época muy solitaria. Me sentía como entre un capullo cuando no estaba en el escenario, porque me quedaba en el apartamento los días que debía actuar. Teníamos un día libre a la semana y, si no volaba a Miami a ver a mi familia, caminaba por las calles de Nueva York como un zombi, sin hablar a nadie, y luego regresaba a dormir. Estaba muy cansado.

Al final, sin embargo, valió la pena. Quienquiera que me veía en *Cabaret* salía sabiendo que estaba haciendo algo excepcionalmente difícil, sin importar si le gustaba el show o no. Lo mejor de todo fue que recibí grandes elogios de críticos de teatro, incluso en el *New York Times*.

Y más importante aún, hacer *Cabaret* me enseñó a ser mucho más dinámico como cantante, actor y bailarín, todo en uno. Nunca antes me había visto a mí mismo como artista a ese nivel, como alguien tan multidimensional pero, a partir de entonces, me aseguré de incorporar ese tipo de profundidad en todos mis conciertos y me comporté de forma totalmente diferentemente en el escenario.

Representar el maestro de ceremonias en *Cabaret* también me enseñó técnicas para establecer una conexión más íntima con el público —un vínculo íntimo y personal que nunca antes había logrado. Descubrí cómo dejarme ir realmente y poner todo en el escenario. Siempre estaré agradecido por haber tenido esa oportunidad de descubrir y dominar nuevas habilidades y técnicas artísticas.

En 2003, había terminado *Cabaret* y yo había empezado la pre-producción de mi próximo álbum, *Amanecer*. Me sentía satisfecho como artista y muy confiado de mi presencia en el escenario. Mi vida en Miami había comenzado a estabilizarse en un nuevo ritmo como artista, esposo y padre. Entonces ya sabía que quería organizar mi mundo —incluyendo mi determinación y ambición— de tal manera que satisficiera no sólo mi ética de trabajo sino también la pasión que sentía por mi familia.

Amanecer sería el último álbum del contrato de tres discos que Emilio había negociado para mí con Sony. Lejos estaba de imaginar que sería el último álbum que haría con un importante sello discográfico —o que ese álbum sería el último producido con el equipo y personal de Emilio.

Esta vez, Emilio y yo habíamos decidido que debíamos hacer una grabación en español. Sería lanzada bajo el sello Crescent Moon de Sony, el sello de Emilio dentro de Sony Music. Por primera vez en mi carrera, no participé en la escritura de ninguna de las canciones. Siempre he sido muy objetivo sobre la calidad de mi escritura y sentí que las canciones que estaban ofreciendo los otros escritores del equipo de producción sonaban mejor que las mías. Este sería mi segundo CD solo en español, después de *Amor*, así que quería asegurarme de tener las mejores canciones posibles en español.

Algunas de las canciones de *Amanecer* eran de Archie Peña. El escritor peruano Gian Marco también me dio algunas excelentes canciones. Archie hizo un tremendo trabajo al dar al disco un sonido muy terrenal, orgánico, de percusión acústica.

Cuando miro atrás a los arreglos y analizo la producción real de ese álbum, aún me impresiona el trabajo de Archie. En ese disco no usamos tambores, sin embargo uno no los extraña debido a las capas de percusión que usó. Una de las canciones, "Si no fuera por ti" de Gian Marco, llegó a los Top 10 Latinos.

Amanecer es un álbum tropical; fusiona muchos ritmos diferentes y no incluye nada parecido a las baladas que estaba acostumbrado a cantar. Tal vez porque era un sonido muy diferente para mí, me costó trabajo cantar algunas de las canciones. Un día, acaba de volver de almorzar y estaba pasando trabajos con una canción en particular. Archie notó que estaba frustrado.

—¿Que te pasa? —me preguntó.

—Sólo quiero asegurarme de hacerlo lo mejor posible, pero tengo un problema con esta canción —le dije.

—Vamos, Jon —dijo Archie—. No te rindas. Lo lograrás, hombre. ¿Quieres beber algo?

Rara vez bebía cuando estaba trabajando, pero ese día acepté. Así que Archie envió a su ayudante a traer una botella de whisky y yo tomé un sorbo en la cabina justo antes de empezar a cantar. Empezamos a bromear y toda la tensión que tenía en mí sencillamente desapareció. Navegué por esa canción de ritmo rápido sin ningún problema.

Así que esa fue la rutina de *Amanecer*: cuando estábamos grabando las pistas, para cada canción de ritmo rápido yo me bebía una botella pequeña de Johnnie Walker. Imprimí el nombre de cada canción en la botella que había consumido mientras la cantaba. Tal vez por eso este álbum está impregnado con un verdadero sentido de diversión tropical.

Viajé durante varios meses promoviendo *Amanecer*. En muchas formas, esta gira promocional me recordó cómo me había sentido al promover mi primer disco, en el sentido de que Emilio y yo habíamos recibido un presupuesto de Sony que cubría una campaña radial integral. Emilio contrató a un muy buen promotor de radio independiente para promocionar la canción en español en todos los mercados del país que acogían emisoras de música popular latina, y yo me divertí tocando en diferentes escenarios y ayudando con la campaña de promoción. No estaba nada nervioso, como había estado con mi primer álbum. A estas alturas, ya tenía experiencia en el proceso y sabía que podía manejarlo. Fue aún más dulce por el hecho de que entendía lo rápida y drásticamente que estaba cambiando la industria musical, y sabía que este tipo de oportunidades promocionales con grandes compañías discográficas estaban desapareciendo para todos los artistas.

Después me reuní con mi familia en Miami y me dediqué a ayudar a Emilio a hacer trabajo de producción para Crescent Moon, trabajando como coproductor y compositor cuando revivimos a Miami Sound Machine con un grupo de adolescentes. Me encantaba poder mantener un horario regular en el estudio, porque me permitía seguir pasando tiempo en casa con mis hijos sin dejar de escribir y producir.

Lo más importante, sentí que continuaba con mi educación musical. Además de escuchar música popular en la radio, conocí a un montón de jóvenes talentos en la productora de Emilio. Me encantaba colaborar con ellos, fusionando diferentes elementos y estilos musicales y produciendo canciones que podrían resistir la prueba del tiempo. Era emocionante estar en el estudio y sumergirse en un proyecto, permitiéndome ser completamente objetivo en el proceso creativo con artistas cuyos estilos a menudo eran muy diferentes del mío.

Después de pasar un año en el estudio de Emilio —un año en el cual me había concentrado en otros artistas y dejado que mi propia carrera como artista pasara al segundo plano—, supe que había llegado a otra bifurcación en el camino. Era hora de comenzar un día nuevo en mi carrera como artista independiente.

Podía ver el incesante progreso —o los cambios, al menos— en la industria musical y sabía que mi tiempo en el estudio de Emilio llegaba a su fin. La realidad era que las ventas de discos descendían en picada mes a mes para la mayoría de los artistas. Era 2004 y los amantes de la música ahora tenían acceso a canciones en línea con poco o ningún costo. Mientras tanto, los ejecutivos de los grandes sellos eran despedidos a diestra y siniestra, y los artistas que firmaban con ellos no podían estar seguros del apoyo que obtendrían.

Emilio y yo éramos buenos amigos y seguimos siéndolo. Nunca hemos tenido una discusión seria y Emilio y Gloria son los padrinos de mi hijo. Aún trabajo con José Estefan, el hermano de Emilio, quien se desempeña como mi mánager de negocios, y la firma contable de su esposa lleva mis libros. Incluso trabajo en el estudio de Emilio con alguna frecuencia, ya que queda en la calle de mi casa. Sin embargo, Emilio y yo nunca hablamos sobre nuestra decisión de seguir caminos separados ni hubo una despedida oficial.

Funcionábamos instintivamente, como lo habíamos hecho tan a menudo. Creo que tanto Emilio como yo sabíamos que después de dieciocho años trabajando juntos, habíamos hecho cuanto podíamos como equipo. A la luz de los cambios en el mundo de la música y del punto de mi carrera en el que me encontraba, era poco lo que Emilio podía hacer para ayudar a administrar mi carrera que yo no pudiera hacer por mi cuenta con mis habilidades y experiencia. Había llegado la hora de sopesar la siguiente etapa de mi carrera. Una vez más, tuve que preguntarme: Y ¿ahora qué?

Emilio y yo nos separamos, pero lo que saqué de esos dieciocho años con él y todavía llevo conmigo hoy fue su increíble ética de trabajo y su infalible instinto para visualizar realmente un futuro y creer en él lo suficiente para venderlo a la gente. Esa confianza proviene de una voluntad de cambiar a medida que el mundo cambia. Ahora yo tenía todas las herramientas que necesitaba para ser verdaderamente independiente.

CAPÍTULO VEINTE
Sólo podrás volar si extiendes tus alas

Una de las primeras oportunidades emocionantes que se me presentaron cuando dejé de trabajar con Emilio fue otro espectáculo teatral. Esta vez, me ofrecieron el papel principal en una producción en gira de *José el soñador (Joseph and the Amazing Technicolor Dreamcoat)*.

Aproveché la oportunidad, no solamente porque estaba listo para hacer algo diferente, sino también porque me encantaba la idea de participar en otra producción teatral. Este show también representó otra encrucijada ya que resultó ser el último trabajo que hice con Jorge Pinos, quien dejó William Morris poco después de eso.

José el soñador duraba cuatro meses. Aunque yo representaba al papel protagónico, lo asumí fácilmente ya que probablemente era el espectáculo menos complejo jamás escrito por el equipo de Andrew Lloyd Webber y Tim Rice. La producción resultó ser muy alegre y popular, así que realmente me divertí haciéndolo.

Al mismo tiempo, 2004 fue un momento de reflexión para mí

mientras pensaba en cómo manejar mi carrera de artista sin tener ningún contrato de gestión o grabación. Tuve la suerte de tener a Mari a mi lado; desde que dejó su trabajo con Estefan Enterprises, cuando nos casamos, había asumido el papel de mi asistente personal, además de administrar el hogar y ser madre de tiempo completo para nuestros dos hijos.

Mari conocía muy bien el funcionamiento interno de la industria de la música. La pregunta era qué dirección elegir para mi futura carrera y cómo subcontratar suficiente trabajo para que nuestra relación no se viera abrumada. Instintivamente me apoyé en mis habilidades de supervivencia, no sólo para continuar mi vida como músico sino también para mantener a mi familia.

Fue por entonces que me contactó una compañía discográfica particular que distribuía jazz. Uno de los fundadores era Dave Koz, un saxofonista al que conocía y respetaba. A través de mi publicista, Michael Caprio, me enteré de que la compañía de Koz, Rendezvous Entertainment, estaba reuniendo un disco de canciones de cuna de artistas destacados. Dave me preguntó si me gustaría participar escribiendo una canción para mis hijos.

Acepté y ese proyecto fue mi primera introducción a la vida como artista independiente. Escribí "Find Me in Your Dreams" para mis hijos y, al hacerlo, supe lo que era trabajar con una pequeña productora que podía atender mis necesidades como artista establecido.

La experiencia marchó sobre ruedas y me dio el impulso que necesitaba para iniciar mi primer proyecto independiente. Mi plan era regresar a mi proyecto original de vida como compositor y músico. Esta vez estaba decidido a hacer un disco conceptual especializado, un álbum de jazz. Mi verdadera pasión seguía residiendo allí.

Como estudiante de la Universidad de Miami, había desarrollado y alimentado un amor por el jazz porque el entrenamiento me enseñó a pensar en mí mismo como instrumentista, uno cuyo instrumento era su voz. Mi meta siempre ha sido ser el mejor músico posible; no sólo cantante, sino un verdadero músico que entiende de todo: desde leer música hasta la teoría de la improvisación. Los músicos tienen un lenguaje común y yo quería hablarlo.

Había logrado ese objetivo con éxito durante mi metamorfosis en mis estudios universitarios de jazz. Ahora me había convertido en el tipo de artista que también podía escribir canciones, entrenar a otros vocalistas, cantar coros y producir álbumes, y querían honrar mis raíces del jazz con un disco que mostrara la profundidad de mis conocimientos y la amplitud de mi talento musical.

Grabé el disco, *Expressions*, al estilo de la vieja escuela, cantando en una cabina y utilizando una sección rítmica. El resultado fue un álbum orgánico, terroso, en su mayoría acústico con fuerte influencia del jazz, algo similar a lo que estaba haciendo en aquel momento Norah Jones. Cuando escucho el álbum, me resulta evidente que es el producto de los artistas que estudié en la universidad y que me influenciaron en el camino, pero también sabía el éxito que había alcanzado el proyecto de Norah Jones, y era muy consciente de que lo había producido una pequeña compañía discográfica, no un sello grande. El éxito de Norah subrayó lo que estaba sucediendo en la industria musical, donde estaban surgiendo un montón de pequeños sellos para reemplazar a los grandes.

La empresa de Dave Koz, Rendezvous Entertainment, estaba interesada en sacar mi álbum y comencé a hablar de logística con él. Consideraba que mi nuevo álbum de jazz podría avanzar mi carrera en una dirección positiva, tanto en términos de lo que quería hacer en el futuro como en la forma en que me percibían mis colegas en la industria musical.

Sin embargo, a veces no importa cuán bien creas que has planeado los próximos pasos de tu carrera, pueden suceder cosas que te descarrilan así que debes ser siempre flexible. Las cosas no resultaron ni parecidas a lo que yo había planeado.

Hacia el final de mi gira con *José el soñador*, conocí a un joven empresario musical, Darius Jordi, que estaba buscando clientes. Había oído por ahí que yo ya no tenía nexos con ninguna compañía discográfica. Aunque Darío estaba implicado en varios proyectos con sede en Los Ángeles, llamó y me dejó un mensaje en Miami preguntando si me interesaba que fuera mi representante.

Pospuse devolverle la llamada, intentando decidir cómo organizar y producir mi nueva grabación de jazz tras completar la canción de cuna para el proyecto de Dave Koz, *Golden Slumbers: A Father's Love*. Finalmente, llamé a Darius y le expliqué mi deseo de convertirme en un artista independiente y gestionar mi propia carrera.

—Jon, escúchame —me respondió Darius cortésmente—. Me gustaría trabajar contigo durante unas semanas, sin ataduras. Permíteme exponer lo que tengo en mente para ti y ya veremos si te funciona para lanzar el disco que tienes y para encaminar tu carrera en este momento. Eres un nombre importante, así que puedes elegir si deseas firmar con una discográfica grande, con un sello particular o seguir siendo independiente. ¿Me permites trabajar contigo por un tiempo?

Finalmente acepté. Darius era joven, pero era persuasivo y yo no tenía nada que perder. Realmente me agradaban su juventud y su espíritu emprendedor, y él dejó claro que yo podría explorar nuestra relación sin comprometerme a nada. Lo que más aprecié fue esa naturalidad —la ausencia de presión— porque, después de terminar una relación tan duradera con Emilio, estaba siendo cuidadoso con los negocios en que me involucraba.

Una de las primeras cosas que Darius sugirió fue acompa-

ñarme a los premios Grammy en Los Ángeles, donde yo sería
presentador en el show previo a la transmisión

—Si no te importa —dijo—, tal vez podamos asistir a algunas
reuniones en Los Ángeles.

—Bueno, eso estaría bien —dije y, fiel a su palabra, fuimos a
los premios Grammy y socializamos. Vi varias caras que reconocí
de SBK/EMI, gente que había proseguido su camino, incluyendo
al Presidente de EMI Publishing, Martin Bandier, cuyo trabajo
aún seguía fortaleciéndose. Me saludó cordialmente y le presenté
a Darius.

Martin dijo:

—Jon, me alegro de verte. ¿Por qué no vienes a la fiesta de
EMI después de los Grammy? Siempre serás parte de la familia.

No me parecía que fuera así, ya que no había escuchado nada
de nadie en su sello desde que SBK cerró sus puertas. Sin embargo, entendía por qué. Nadie había esperado que las cosas
salieran de esa manera pero, literalmente, un día las puertas
amanecieron cerradas y las relaciones entre todos nosotros eran
únicas, tan especiales y luego tan decepcionantes por la forma en
que terminaron, que nadie quería recordar lo que había sido.
Ciertamente nadie —incluyéndome a mí— había querido estar
en una situación donde alguien preguntara qué estaba pasando
en su mundo, a sabiendas de que el mundo como lo conocía acababa de desaparecer. Era una situación muy, muy incómoda, por
decir lo menos. Sin embargo, la fiesta de EMI siempre fue una de
las más espléndidas y Darius estaba ansioso por asistir, así que
acepté. Para entonces, estaba listo para dejar atrás el pasado y
seguir adelante.

En esas fiestas hay millones de personas, tantas que apenas
se puede navegar entre la multitud. Es una fiesta de todo lo que
representa el negocio de la música, tanto lo bueno como lo malo.
Hablas con gente a derecha e izquierda —artistas, productores,
ejecutivos— y la mayoría de la gente quiere ver y ser vista porque

hay cámaras en las entradas a la fiesta. Todo el mundo quiere saber qué está pasando.

La fiesta fue en un hotel en Beverly Hills y para mí fue maravillosa. En ese punto en mi carrera, sentía que podía relajarme. Ya no tenía que demostrar nada a nadie. Yo era simplemente un observador independiente, un artista discográfico a quien las personas aún reconocían, y la fiesta me dio la oportunidad de reencontrarme con muchos colegas de la industria musical a los cuales no había visto en años. Mientras tanto, Darius permanecía a mi lado examinándolo todo.

Cada pocos minutos me topaba con alguien a quien reconocía o que me reconocía a mí, y comenzaba una nueva conversación. Una de esas personas, Jason Pennock, era un compositor y productor que había trabajado con otra persona en EMI. Empezamos a hablar del trabajo y él me habló de sellos independientes y aseguró que la industria se movía en esa dirección.

—Si un sello independiente está bien financiado —dijo—, si la empresa tiene los recursos para comercializar y promocionar productos, es una gran opción para los artistas.

Luego, Jason me habló de su hermana, la gran cantante Joey Daniels, que cantaba para Big3 Entertainment, un pequeño sello en San Petersburgo, Florida.

—El sello es financiado por alguien muy apasionado por la música —aseguró y agregó que Big3 acababa de firmar con Cheap Trick.

Después de que Darius y yo abandonamos la fiesta esa noche, volé de regreso a Miami sin pensar dos veces en esa conversación. Estaba ocupado trabajando con Rendezvous Entertainment, tratando de hacer el trato para mi CD de jazz, que quería estuviera compuesto en su mayoría por mis propias canciones junto con unas versiones escogidas. Por ejemplo, incluía una versión jazz de "Angel". En general, quería que el álbum tuviera integridad conceptual y lo modelé siguiendo canciones de Johnny Hartman, un cantante de jazz de los años cincuenta que se especializó en baladas.

Este álbum era marcadamente diferente de cualquier otra cosa que yo hubiera hecho y realmente fue una labor de amor. En realidad estaba aprovechando mi educación en jazz y una parte de quién era como artista y músico de una manera que nunca había podido hacerlo a lo largo de mi carrera. Estaba haciendo un álbum que no tenía nada que ver con la música pop pero todo con mi integridad musical basada en mis raíces.

Unas tres semanas después de asistir a los premios Grammy, seguía negociando con Rendezvous Entertainment cuando Darius me llamó.

—Escucha, Jon —dijo—, he estado pensando mucho en el tipo de agenda ideal para ti, pero me tiene entusiasmado algo de la fiesta de EMI. ¿Recuerdas la conversación que tuvimos con ese tipo sobre esa empresa en Florida? Bueno, la investigué e hice una llamada. Si quieres reunirte con ellos, podemos hacerlo.

—Darius, ¿de qué estás hablando? —le pregunté, perplejo. Había olvidado por completo esa conversación.

Hasta este día, respeto a ese joven empresario musical por haber escuchado a todos aquellos con los que conversamos y tomado notas. Darius sabía exactamente de lo que estaba hablando y me dio muy buenos consejos.

—Sí, Jon, recuerda —dijo—. El tipo cuya hermana firmó con esa empresa, Big3 Entertainment. Investigué un poco y tenía razón, sería un buen sello para ti. Los llamé en tu nombre, y les dije que ahora eres independiente y estás tratando de resolver cómo organizar tu carrera. El presidente de la compañía está muy interesado en conversar contigo.

Mientras lo escuchaba, pensé en el álbum de jazz y el trato que estaba a punto de firmar. Estaba a punto de negarme, pero entonces recordé que me había prometido nunca rechazar una idea antes de explorarla totalmente.

—No estoy seguro —le dije sinceramente.

—Mira —insistió Darius—, la empresa está ubicada muy cerca de ti. Yo mismo volaré desde Los Ángeles. Nos reuniremos con ellos y escucharemos lo que tienen que decir. Están haciendo ruido en la radio y la columna vertebral de la empresa está muy bien financiada.

—Está bien —acepté—. Organiza la reunión.

Así que nos reunimos con el jefe de Big3 Entertainment en San Petersburgo y quedé impresionado. La financiación que ofrecían estaba estructurada más como la de los grandes sellos que yo conocía, pero en una escala menor. Se sentía como una especie de empresa local y eso me gustó. La empresa definitivamente se apoyaba en la visión del CEO, Bill Edwards. Aunque no provenía de la industria musical, Bill estaba dispuesto a contratar a las personas adecuadas para hacer que su compañía discográfica funcionara de la mejor manera posible como un sello independiente.

La reunión, celebrada en la oficina corporativa de Bill, fue breve y asistimos sólo Darius, Bill, la presidenta de Big3, Maryann Pascal, y yo. El compromiso de Bill de promover a un pequeño grupo de artistas, dándoles la atención que necesitaban, fue lo que finalmente me convenció de la conveniencia de comprometerme con Big3.

Al final de la reunión, le dije a Bill que había hecho un disco de jazz y quería lanzarlo.

—Fantástico, Jon —exclamó Bill—, pero tú eres un cantante pop, ¿no?

—Sí —respondí—. Eso es lo que siempre he sido.

—Bueno, ese es el tipo de artista al que quiero ayudarle en Big3 —continuó—. Quiero que mantengas tu nombre como cantante pop bilingüe.

—Te entiendo, Bill —dije—. Pero acabo de terminar de producir este disco de jazz y realmente quiero lanzarlo.

—Te lo compraré —respondió—. Te pagaré lo que hayas gastado para producirlo, pero realmente creo que no deberías lanzar ese álbum ahora. Puedes darme los derechos para lanzarlo en cinco años.

Bill también expresó su interés en actuar como mi mánager. Esa idea me hizo sentir un poco ansioso, ya que había ido a la reunión con Darius. No siendo un hombre al que le faltaran las palabras, en un momento dado Bill me preguntó directamente sobre mi relación con Darius.

—Nos estamos conociendo —le dije con sinceridad—. Hasta el momento, Darius ha estado aquí solo para ayudarme a organizar mi carrera como independiente.

Precisamente en ese momento, Darius y yo entendimos hacia dónde iba la conversación: Bill nos iba a presentar lo que se llama en la industria un "trato de 360 grados", en el cual el interés de la empresa no es solamente firmar con uno como artista discográfico; incluye también gestionar sus apariciones y su carrera.

Tengo que reconocer que, cuando salimos de la reunión, Darius me dijo:

—Jon, si firmas o no con esta empresa, que es una idea que creo que tal vez te pueda interesar, una cosa es cierta. No tengo ningún papel en tu carrera. Me metí en esto esperando encontrar una manera de trabajar contigo, pero con toda honestidad, debería apartarme.

Aprecié su honestidad y siempre respetaré a Darius por su generosidad y el profesionalismo con que manejó nuestra relación desde el principio. Todavía hablamos de vez en cuando y posteriormente trabajamos juntos en otras cosas. En ese momento, sin embargo, nos separamos con un apretón de manos.

Sabía que en algún punto de mi carrera, el tiempo, la química y la oportunidad llegarían para producir ese álbum de jazz. Ahora, sin embargo, me gustó el hecho de que Bill comprendiera lo que significaba ese álbum para mí —tanto que me pagó el costo de hacerlo y lo dejó en espera, con la promesa de devolverme el disco si él no lo lanzaba. También quedé agradecido por la alta opinión que Bill tenía de mi carrera como cantante pop y compositor. Como resultado, en lugar de ser un artista independiente abriéndome camino completamente solo, me encontré trabajando con Big3 Entertainment. Era otro nuevo día.

Bill Edwards, el presidente ejecutivo de Big3, es diferente a todas las personas que he conocido en la industria musical. Siempre ha amado el entretenimiento con el mismo tipo de pasión que yo, pero él es un hombre de negocios muy asertivo. Es un veterano de Vietnam que empezó desde cero y construyó una de las compañías hipotecarias más exitosas del país, comenzando por su deseo de ayudar a otros veteranos de Vietnam a obtener préstamos.

Bill era un profesional directo, sin complicaciones, opuesto a la costumbre de dorar la píldora tan común en el negocio de la música que yo había conocido. Él decía directamente lo que quería hacer: "Esto es lo que estoy haciendo y, si no funciona, no funciona". Era hombre de pocas palabras, pero su creencia básica era "Yo no fallo. Tuve éxito en la industria hipotecaria y voy a tener éxito en el negocio de la música".

Me encantaba la naturaleza directa de Bill. Estaba dispuesto a tomar en sus manos mi carrera y realmente agradecí su dedicación e impulso, ya que coincidía con mi propia ética de trabajo. Compartíamos un implacable deseo de tener éxito. Además, yo sabía que mi carrera sería una prioridad en su pequeña empresa y trabajar con ellos me daría la oportunidad de equilibrar mi vida como músico con una familia. Inmediatamente comenzamos a trabajar en nuestro primer disco pop, *Same Dream*, y eventualmente hicimos cinco en total, tres en inglés y dos producciones bilingües.

BIG3 estaba ubicado en el mismo edificio donde Bill tenía su compañía hipotecaria. Había montado un estudio completo, uno de los mejores que había visto en mi vida. Todavía lo comparo favorablemente con cualquier otro estudio en que he grabado, debido a la calidad de los equipos y producción. Para Bill era muy importante que sus artistas tuvieran las mejores instalaciones posibles.

Para *Same Dream*, tuve que inventar todo un nuevo repertorio. Mientras trabajábamos juntos, entendí la belleza e importancia de una compañía de producción bien montada. Pude contratar a un grupo personas que conocía en Miami para ayudarme a escribir y producir las canciones, incluyendo a mi viejo amigo Miguel Morejón, quien me dio el primer sencillo "Window to My Heart".

Para mí fue muy significativo que finalmente pudiéramos usar "Window to My Heart". Miguel y yo la habíamos escrito en la forma habitual: a través de una serie de conversaciones que tuvimos mientras yo forcejeaba en la relación con Ana y comenzaba a conocer a Mari. Siempre nos había gustado la canción, pero llevaba un tiempo abandonada en nuestros archivos de demostración. Entonces, imaginen nuestra emoción cuando la canción terminó siendo otro ¡Top 5 en Adulto Contemporáneo! Me sentí eufórico.

Miguel y yo nunca salimos a celebrar adecuadamente ese éxito; o ningún otro, ahora que lo pienso. Éramos demasiado discretos para eso. Pero, para mi cuadragésimo cumpleaños, Miguel hizo algo realmente genial. Se apareció con una caja gigante envuelta en papel de regalo y, cuando rompí el papel, vi que me había dado un regalo único, tan significativo que no podía quitar mis ojos de él: la maltrecha y vieja radio casetera que él había arreglado para que pudiéramos oír las secuencias que estábamos creando para "Just Another Day". Los altavoces aún sonaban pésimamente y yo aún la tengo en mi casa.

Produjimos ese primer álbum rápidamente y me reuní directamente con el equipo que Bill había contratado para distribuirlo. Incluso había establecido un acuerdo de distribución con EMI, demostrándome una vez más cuán flexible puede ser una empresa pequeña. Realmente apreciaba la oportunidad de trabajar con una compañía que estaba dispuesta a promocionar mi música. Habiéndolo hecho yo solo para *Amanecer*, sabía lo que se necesitaba para que una empresa independiente lograra convertir cualquier canción en un Top 5 como lo hicieron con la mía.

Bill también me introdujo a una red de nuevos espacios para mis conciertos, como los casinos. En términos generales, fue una época maravillosa para mí, porque me permitió equilibrar componer, producir y hacer conciertos. También fue una gran curva de aprendizaje, pues comencé a aceptar plenamente la idea de que los artistas ya no necesitaban firmar con grandes compañías discográficas para crear, distribuir o promocionar canciones. Era posible subcontratar todos los elementos necesarios para poner a circular la música.

En la creación de *Same Dream*, pude llevar al proyecto mis muchos años de experiencia. El proceso fue especialmente amable por el hecho de que grabé el álbum en el increíble estudio de Bill en San Petersburgo, una ciudad relajada donde no tenía ninguna de las distracciones habituales. Asumí el papel de productor ejecutivo y supervisé las cosas mientras el equipo de Bill hacía el trabajo práctico, y terminé el proyecto pensando que esa era exactamente la forma en que quería trabajar de ahí en adelante: con un equipo entusiasta, en un estudio de punta y completamente aislado del resto del mundo.

Al desplegar mis alas para abarcar nuevas posibilidades en el mundo de la música independiente, comencé no sólo un nuevo día sino también una nueva era, una en la que podría prosperar como artista. Había dejado de estresarme por las ventas y había reajustado mis expectativas. Como cantante y compositor, ganaba dinero suficiente para mantener a mi familia, hacía el trabajo que amaba más que cualquier otro, y tenía tiempo para divertirme con mi esposa y mis hijos.

Al reconstruir mi vida, sentí el mismo tipo de emoción que había sentido como nuevo cantante en Miami al componer y cantar mis primeras canciones: el mundo estaba lleno de posibilidades infinitas. Todo lo que tenía que hacer era seguir tocando puertas para descubrir lo que había tras ellas.

CAPÍTULO VEINTIUNO
Aún en la televisión puedes ser tú mismo

La siguiente puerta que se abrió me sorprendió incluso a mí. Tras ella estaba la oportunidad de hacer uno de los mayores *reality shows* de la televisión.

En 2004, Movistar estaba patrocinando la primera temporada de *Latin American Idol*, una versión del show británico original, *Idol* y su homólogo en Estados Unidos, *American Idol*. Fremantle-Media, el productor del show, planeó cuatro audiciones en Ciudad de México, Bogotá, Caracas y Buenos Aires. El programa saldría al aire a través de Sony Entertainment Television en 25 países diferentes.

Había oído hablar de esta nueva aventura, ya que era un gran seguidor de *American Idol* y los jueces de ese programa —Simon Cowell, Randy Jackson y Paula Abdul en ese momento— habían anunciado la versión en español. Sin embargo, hasta que Big3 recibió una llamada del productor del programa preguntando por mi disponibilidad, nunca se me cruzó por la mente que mi futuro podría estar en los *reality shows*.

Aunque era la primera vez que FremantleMedia produciría *Idol* en español, ya tenían el formato. Su éxito era virtualmente seguro. Aun así, querían que hiciera una audición para ser juez y yo no sabía si tenía el tipo de carisma que funcionaría en la televisión en vivo.

Y los productores tampoco lo sabían. Mi experiencia en la televisión era limitada. Había disfrutado participando en los grandes espectáculos nacionales, como los de Letterman y Leno, y las breves apariciones en programas tales como *Beverly Hills 90210*. Incluso había participado en telenovelas mexicanas. Pero nada de eso me preparaba para ser juez de un *reality show*.

Los productores fueron extremadamente honestos cuando me reuní con ellos en las oficinas de FremantleMedia en Miami.

—Estamos muy interesados en trabajar con usted, Jon —dijeron—. Pero sabemos que no tiene experiencia como juez en la televisión, así que necesitamos ver cómo le va.

En efecto, querían ponerme a prueba frente a la cámara, ver cómo me comportaba al escuchar a los cantantes y dar mis opiniones. Me dije, *sé tú mismo*, y fui a la audición, sin saber lo que los productores buscaban o esperaban de mí.

Lo que ves en la televisión es lo que realmente sucede en *Idol*. Como juez, se esperaba que transmitiera honestamente mi reacción a los cantantes, así que ser yo mismo era la prioridad número uno para el formato del show. Después de ser contratado, tuve que superar dos importantes obstáculos. El primero fue que tenía que dar mis opiniones en español —y no el descuidado *spanglish* que todos usamos en Miami, ese maravilloso y entretenido híbrido de español e inglés, sino en español clásico, gramaticalmente perfecto y comprensible para los televidentes de América Latina. Al principio me costó mucho trabajo y tuve que recordarme a mí mismo que debía pensar y hablar sólo en español para ir acostumbrándome.

El segundo y aún más difícil obstáculo que tuve que superar fue aprender a ser muy asertivo y sonar confiado. Siempre he odiado lastimar a la gente y mi inclinación es pecar por ser demasiado amable. Los productores no estaban interesados en eso.

—Jon —me dijeron frustrados después de algunos episodios—, tú, probablemente más que cualquiera de los otros jueces, tienes muchos elementos diferentes de experiencia y consejos sobre el negocio de la música, como actor, artista y educador. Todo lo que digas tiene que sonar autoritario y directo.

Durante el primer año, los productores me llamaron la atención constantemente, sacándome a un lado si alguna vez parecía que tenía dudas al dar una crítica a alguno de los concursantes. Así que ahí estaba, siempre en la mira, sabiendo que no podía divagar y no podía endulzar mis opiniones. Tenía que ofrecer decisiones concisas, expertas, en cuestión de segundos... y todo en español perfecto. Y sin importar cuánto me cuestionara si debía dejar ir a un talentoso joven cantante cuando los otros jueces querían que se quedara, tuve que mantenerme firme en mi opinión, sin vacilar. ¡Que me hablen de desafíos!

Obviamente, los concursantes mismos hacían que la dura experiencia fuera aún más emotiva para mí. Todavía recuerdo un show en Venezuela donde un jovencito se puso muy a la defensiva cuando lo rechazamos en su audición. De hecho, se acercó a la mesa de los jueces y se plantó frente a mí, inclinándose y diciendo:

—¿Por qué no es suficientemente buena? ¿Por qué? —con cara de "te quiero patear el trasero", mientras las cámaras estaban grabando.

Mantuve la calma y seguí diciéndole:

—Mira, lo siento, pero no puedes pasar a la siguiente ronda —hasta que los productores consideraron que habían capturado suficiente tensión en la cámara y un guardia de seguridad intervino, pero alcancé a temer que realmente nos agrediera.

Sin embargo, a pesar de lo difícil que fue para mí acostumbrarme al proceso de juzgar a los concursantes, desde la primera audición disfrute proyectar quién era como artista, junto con mi experiencia en educación como profesor, en un formato donde podía expresar mis pensamientos frente a una audiencia en vivo. Se esperaba que fuéramos sinceros desde el principio, y eso es lo que hace que el formato de *Idol* sea tan exitoso como *reality show*.

Como siempre, durante los cuatro años que estuve en *Latin American Idol*, yo era una esponja. Esto era totalmente nuevo para mí y aprendía algo nuevo cada día. Cada vez que uno de los productores se asomaba para decirme que me había equivocado una vez más, "Hey, Jon, lo que dijiste no tiene ningún sentido en español", lo escuchaba con atención. También observaba las grabaciones para saber qué funcionaba y qué no. Pronto desarrollé una técnica que consistía en escribir fragmentos de lo que quería decir, exactamente como lo quería decir, mientras cada concursante hacía su presentación.

Para la primera temporada, yo era el único artista internacional contratado como juez, junto con la actriz venezolana Erika de la Vega, la cantante mexicana Elizabeth Peña y el empresario musical Gustavo Sánchez. La cantante mexicana Mimi Hernández reemplazó a Elizabeth en las tres temporadas siguientes y Oscar Mediavilla reemplazó a Gustavo en la cuarta temporada, pero los demás estuvimos las cuatro temporadas.

El formato del programa nos exigía hacer audiciones con cantantes en diferentes países de América Latina, incluyendo México, Colombia, Venezuela y Argentina. A pesar de la agotadora agenda, agradecí la oportunidad de viajar y ser visto en la televisión en toda América Latina, ya que hacerlo me llevó a reencontrarme con mi fanaticada y tuvo un enorme impacto en mi carrera como artista.

Disfrutaba oyendo a los jóvenes y talentosos cantantes durante sus audiciones. Aún más, me encantaba hacer lo que yo veía como seminarios vocales, escuchando a los cantantes competir a lo largo del show y entrenándolos frente a las cámaras. Trataba de que mis comentarios fueran cortos, en consonancia con el formato del programa, y pronto me gané la reputación de ser extremadamente honesto sin ser tan cortante como, digamos, Simon Cowell.

Inicialmente, los productores estaban indecisos sobre cuál sería nuestro "Hollywood", el lugar al que viajarían todos los cantantes para el show. Me encantó su elección de Buenos Aires, a pesar de la distancia y el hecho de que producir el show allí significaba que tendría que vivir en Argentina hasta cuatro meses seguidos. Había conocido a Gustavo antes del show, así que alquilamos una casa juntos en Buenos Aires.

Gustavo permaneció en Argentina durante toda la grabación, pero yo viajaba cada semana entre Buenos Aires y Miami. Era un viaje largo y agotador, pero definitivamente valía la pena para mantenerme en contacto con mi familia. Básicamente, el programa terminaba cada jueves a las 8 de la noche y yo tenía mi equipaje listo para poder ir directamente desde el estudio al aeropuerto para tomar el vuelo nocturno a Miami. Pasaba el fin de semana con mi familia y regresaba para continuar grabando el show en la mañana del martes. ¡Definitivamente me gané mi cuota de millas de viajero frecuente!

Hasta convertirme en juez de *Latin American Idol*, jamás me había imaginado la complejidad de producir un espectáculo de ese tipo. Antes del lanzamiento, un productor de la casa matriz de Fremantle en Inglaterra voló para explicarnos las reglas del juego, el formato y la teoría detrás del show. Ese consultor pasó horas interminables entrenando a los productores de *Latin American Idol*, así como hablando con los jueces.

Pese a que no llegué a conocer a Simon Cowell, trabajando con ese supervisor de FremantleMedia comencé a comprender la esencia de lo que ha hecho al personaje de Simon en TV tan popular durante tantos años. Básicamente, el formato del programa permite a los jueces maximizar sus personalidades, mostrando sus propias experiencias profesionales e influencia frente a las cámaras desde la primera audición hasta el día en que se anuncia un ganador.

Como suelo hacerlo con todo, me tomé a pecho mi papel de juez. Realmente me interesaba, sabiendo lo importante que era mi trabajo en el descubrimiento y apoyo a nuevos talentos. Lo di todo: mi experiencia como artista, mi formación como educador y mi carrera de compositor y productor. Trabajé duro para no dudar nunca de mí mismo, sonar siempre asertivo y autoritario a mi manera, para poder ofrecer opiniones constructivas y creíbles.

El proceso de hacer audiciones, criticar y elegir un cantante ganador se da exactamente como se ve en la televisión. Se esperaba que diéramos nuestras opiniones en frío, cuando los cantantes entraban. Eso es parte de lo que crea esa sensación de tensión en los *realities* en vivo en este formato: los jueces no tienen idea si alguien va a ser un payaso, un buen cantante, un bicho raro, o simplemente mediocre y sin consecuencias.

A medida que pasaba el tiempo, aprendí gradualmente a asegurarme de que mis opiniones eran tan concisas y claras como era posible. Me fijé como límite decir lo que tuviera que decir en 15 segundos y siempre hablando honestamente y de corazón. Me tomó un tiempo aprender a hacer mis comentarios sucintamente y con autoridad, y al principio cometí muchos errores. Yo no tengo una personalidad arrogante y no soy el tipo de persona que menosprecia a otros. Como educador, soy todo lo contrario, siempre tratando de alentar a las personas que están haciendo su mejor esfuerzo. Me propuse encontrar la manera de hacer comentarios positivos incluso a los cantantes que eran realmente malos.

Sin embargo, antes de mucho tiempo me di cuenta de que no siempre podía cumplir esa promesa. Siempre me asombró que el mismo cantante pudiera sonar tan diferentemente a cada uno de los jueces; supongo que por eso hay tantos gustos diferentes en la música. Aún así, no podía dejarme influenciar por lo que pensara cualquiera de los otros jueces respecto a un concursante. Tenía que ser fiel a mi propia opinión, y tan honesto y claro como pudiera sobre lo que pensaba de la interpretación de un cantante dado. Eso significaba que a veces tendría que herir los sentimientos de la gente. Finalmente me gané la reputación de ofrecer comentarios muy fríos y francos, pero siempre con una sonrisa, si el cantante no daba la talla.

Para mí, la parte más difícil del proceso era cuando los productores hacían formar a los concursantes con sus historias personales antes de que cantaran. A veces una persona canta bien, a veces no lo hace, y uno no puede ser influido por sus tragedias o triunfos personales. Lo único que importa es el rendimiento real en un momento dado. Intenté ponerme anteojeras mientras las personas hacían su presentación, tanto así que mis colegas me dijeron que a menudo no sabían qué esperar hasta que era hora de dar mis comentarios, porque yo no transmitía mis reacciones emocionales por adelantado.

Desarrollé un tic que se quedó conmigo durante todo el show y a los productores les encantaba. A menudo los clips del espectáculo mostraban ese particular hábito. La primera vez que me sucedió, me sentí muy mal porque fue en respuesta a un muy dulce chico venezolano que hablaba en susurros. Le pregunté qué iba a cantar, y mi actitud —como siempre— fue acogedora e incluso reconfortante.

Entonces el chico abrió la boca y de allí brotó la voz más horrible, un chirrido realmente. Mi reacción fue reír. Y no sólo reír, sino aullar tan fuertemente que fue vergonzoso incluso para mí mismo. Reí tanto que se me salían las lágrimas y sencillamente no pude evitarlo. Mi instinto cada vez que oíamos un pésimo cantante era reír incontrolablemente y, por supuesto, esa era la toma que los productores escogían.

Aunque mis fríos comentarios a veces hicieron que me compararan con Simon, yo tenía un poco del estilo urbano de Randy Jackson además de mis propias peculiaridades. Como Randy, también tenía mi propia manera de decir "perro" sólo en español. Como una expresión de cariño, especialmente cuando le hablaba a algunos de los cantantes, usaba la palabra "Papá" para empezar mis frases: "Papá, te lo aseguro, realmente cantaste fenomenal".

Un día, una chica en uno de los espectáculos realmente me deslumbró. Me sentí tan abrumado por su talento que quise decir algo honesto que expresara exactamente lo que sentía, así que le dije, "¡Bien cantado!". Eso fue en la mitad de mi segunda temporada y se convirtió en una de mis frases básicas para los concursantes realmente excepcionales. En la televisión, tienes que ser inteligente además de expresivo, así que guardaba esas frases clave para momentos cuando realmente importaba, a menudo para el proceso de eliminación hacia el final del show.

Para la segunda temporada, cuando *Latin American Idol* realmente despegó en ciertos países, empecé a comprender lo importante que era el espectáculo para mí personalmente. En ese momento, el show hizo que la venta de mis discos aumentara y mis conciertos en América Latina se vendían totalmente.

Mientras tanto, tenía un excelente grupo profesional en mis compañeros jueces. Podíamos haber tenido nuestros conflictos en la televisión, pero entendíamos que lo que quiera que decíamos en el momento de expresar una diferencia de opinión no era más que eso. Después de que todo estaba dicho y hecho, el show terminaba y salíamos a cenar.

Una vez comencé a trabajar en *Latin American Idol*, entendí a cabalidad la tremenda oportunidad que los *reality shows* ofrecen a sus concursantes. Ojalá hubiera habido un espectáculo como ese cuando yo estaba creciendo. Se han convertido en un importante vehículo del proceso de descubrir y desarrollar talentos hoy día; algo que ya no existe en las grandes empresas discográficas. Sin importar cuánto aguantaran estos chicos en el show, estaban trabajando sus minutos de fama en la televisión y obteniendo el tipo de visibilidad generalizada que habría sido imposible cuando yo comencé como cantante y compositor. (Por supuesto, al convertirme en juez, yo también tuve la oportunidad de incrementar mi propia visibilidad como artista).

Los cantantes que realmente me parecieron deslumbrantes durante *Latin American Idol*, ganaron o quedaron entre los cinco primeros. Si ganaban o no a menudo era una cuestión de diferencias en su desempeño de semana a semana. A veces, por ejemplo, escuchaba un cantante que me parecía que era un tremendo vocalista y pensaba que sería el ganador, pero siempre había el elemento sorpresa. Alguien que yo había pasado por alto podría ganar al conectar mejor con el público que el cantante más talentoso. A menudo, los intérpretes que tenían éxito eran los que podía controlar sus nervios e inseguridades. Ganaban porque no temían ser el centro de atención.

En mis talleres y seminarios con cantantes jóvenes, hablo a menudo de mis experiencias personales en el escenario así como de lo que presencié mientras fui juez de *Latin American Idol*. Después de hablar de los aspectos técnicos involucrados en lo que alguien está haciendo (o no haciendo) como cantante y de los elementos básicos necesarios para pulir el arte, siempre hablo acerca de cómo, al final, es el espíritu de lucha y la personalidad lo que te ayudará a alcanzar el éxito como artista. La confianza en sí mismo ayuda a hacer la actuación que se necesita para conectar con el público.

Al final del día, todas esas facetas de la personalidad se reflejan en su instrumento, su voz, y la forma en que lo utiliza. Esto distingue a los artistas que alcanzan el éxito de aquellos que no. Uno tal vez tenga la ética de trabajo para ser un buen artista, pero también necesita la personalidad en el escenario; o lo que los jueces de los *realities* llaman "el comodín".

Ser juez me transformó una vez más como artista. Tuve que aprender a organizar mejor mis pensamientos y ser más asertivo al comunicar mis opiniones. Al final, *Latin American Idol* contribuyó a ampliar mi audiencia enseñándome a usar la conexión inmediata de la televisión para construir mis base de seguidores.

Además de absorber todo lo que pude sobre el proceso de producción de un programa de televisión exitoso, estuve expuesto a artistas pop latinoamericanos contemporáneos que podría no haber descubierto nunca por mi cuenta, simplemente porque los jóvenes cantantes interpretaban sus canciones en el show. Me gustaron especialmente tres bandas mexicanas: Camila, Reik y La Quinta Estación, porque ejemplificaban los sonidos que más amaba de la música pop y de los arreglos de producción.

Hay muchas formas diferentes de escribir una canción pop pero, para mí, una gran canción pop tiene una conexión entre la melodía y la letra que resuena simple y sincera. Si la simple sinceridad de esa canción puede llegar a los oyentes a nivel emocional de forma que la gente la recuerde, eso es la música pop. Cada vez que escucho a mis grupos favoritos —ya sean de hace cinco o cincuenta años—, las canciones que trascienden el tiempo y siguen conectando con las personas son melodías simples y honestas, con palabras que uno no olvida.

La gente a veces descarta la música pop, pero la verdad es que las vidas de muchas personas son tocadas por canciones comerciales. Como escritor, he oído historias y testimonios de muchos aficionados sobre la manera en que mis canciones les tocaron el alma o incluso transformaron sus vidas. Ellos han compartido anécdotas maravillosas, deteniéndome en la calle o después de un concierto para decirme cómo ciertas canciones realmente les han ayudado o significado algo para ellos en ciertos momentos de sus vidas —de enamoramiento, de dificultades o pérdidas, de alegría... Me gusta sentir esa misma conexión con la música cuando la escucho, así que entiendo lo importante que es escribir canciones que lleguen al corazón de la gente además de a sus mentes. Cuando escribo, siempre quiero crear una canción con un buen gancho, una gran melodía y letras únicas, pero también me pregunto si esa canción llegaría a mi corazón.

Escuchar música pop nueva siempre me motiva a escribir canciones y esta vez no fue diferente. Escuchar a los cantantes en *Latin American Idol* me inspiró por primera vez a escribir canciones en español. Anteriormente en mi carrera, siempre había escrito canciones en inglés y luego las había adaptado al español. Aunque siempre he sido bilingüe y alterno fácilmente entre los dos idiomas, era así cómo lo había hecho siempre. Ahora, después de pasar tanto tiempo en América Latina y escuchar prácticamente solo canciones en español, empecé a pensar en español y quise tomar esa dirección en mis composiciones: volver a las raíces de mi infancia.

Ser parte de *Idol* me enseñó mucho sobre lo que se necesita para construir una carrera en la música y para seguir construyéndola día a día. Mientras escuchaba a jóvenes cantantes un día tras otro, me di cuenta de todo lo que los artistas —incluyéndome a mí— tienen que lograr en circunstancias muy difíciles. Se necesita ser un tipo resistente para convertirse en cualquier tipo de artista. Yo tuve mi propio conjunto de desafíos para el lanzamiento de mi carrera y estos jóvenes intérpretes tendrían los suyos.

Como intérprete, tienes que creer en ti mismo lo suficiente

para lidiar con la presión de la decepción y la incertidumbre sobre lo que sucederá a tu carrera mañana o la semana próxima o dentro de diez años. Esa es la naturaleza del negocio. Para sobrevivir tienes que ser lo suficientemente apasionado por tu arte para estar dispuesto a caer, aterrizar en los pies, levantarte y volver a intentarlo cada día.

CAPÍTULO VEINTIDÓS
Expresa todo lo que tienes en el corazón

L ancé *Same Dream* con Big3 en 2005 y luego comencé a trabajar en mi segundo proyecto original para ellos. Habíamos decidido que el álbum seguiría mis viejos estándares favoritos y lo llamamos *Classics*. Elegí canciones que eran conocidas igualmente en español e inglés, dando mi toque latino a un álbum que podría haber sido hecho por Michael Bublé o Rod Stewart. Grabamos todas las canciones en ambos idiomas y la versión en español se llamó *Clásicos*.

En última instancia no es necesario tener un montón de experiencia de vida para poder cantar clásicos pero, habiendo dicho esto, debo añadir que el hecho de haber llegado a mis cuarenta y ser esposo y padre me ayudó a darle mucha profundidad a esas canciones icónicas, sencillamente porque tengo una comprensión más profunda de los temas y mensajes que tratan. Mis reflexiones sobre mis propias experiencias de vida se colaron en el canto y le dieron al álbum un mayor impacto emocional.

De hecho, todo artista aporta su experiencia de vida a una

canción. Ya sea que el artista aborde clásicos o nuevas canciones pop, a menudo es posible oír la gama emocional del cantante así como la musical. Ahora, además de traer a mi música mis experiencias relativamente nuevas como esposo y padre, también pude traer la comprensión y las emociones que había descubierto al servir a otros. Siempre he tenido como mi misión ayudar a mi comunidad a través de obras de caridad y donaciones, y esa dedicación se refleja en mi forma de hacer música.

Como hispano-americano que emigró a este país, no estaría donde estoy hoy sin la educación que recibí en los Estados Unidos y, por ello, la educación es una de las causas que más me importan. He apoyado actividades filantrópicas para financiar educación en todos los niveles, especialmente educación artística. Es una batalla cuesta arriba mantener los programas de Artes en nuestras escuelas con los fondos disponibles. Los presupuestos de nuestras escuelas públicas no siempre tienen correlación con el apoyo a las artes, y eso es lo más triste de todo. Sé por experiencia personal que el tipo de alegría y confianza que proviene de estar involucrado en las artes puede ayudar a aumentar la confianza de un estudiante en problemas y mantenerlo en la escuela.

Además de servir en la Comisión Asesora del Presidente sobre Excelencia Educativa para Hispanos, continué dando seminarios y clases magistrales en diversas instituciones, incluyendo Miami Dade College, la Universidad de Miami y Riverside Community College. También hago eventos de caridad para recaudar fondos para las artes siempre que puedo, más recientemente con la Bill Edwards Foundation for the Arts.

También he dedicado gran parte de mi carrera a luchar contra la propagación del sida, comenzando temprano como parte de Lifebeat, una organización encabezada por el ejecutivo de SBK Daniel Glass, y posteriormente con Broadway Cares.

Los niños, también, se benefician de mi energía filantrópica.

A lo largo de los años he trabajado mucho con la Fundación Make-A-Wish, además de involucrarme activamente con el Hospital Infantil de Miami.

Uno de los más recientes esfuerzos filantrópicos que me causó una impresión duradera fue en 2006 cuando, por primera vez desde mi infancia, viajé a mi Cuba natal. Bill Edwards y Big3 Entertainment habían programado un concierto para las tropas estacionadas en la Base Naval estadounidense en la bahía de Guantánamo.

Aunque la ubicación era en el otro extremo de Cuba donde crecí, cuando aterrizamos en el avión privado de Bill sentí que los ojos se me llenaban de lágrimas. No podía creer que estaba en suelo cubano otra vez, y fue sorprendentemente emotivo hacerlo después de tantas décadas. Recorrer la base y entretener a las tropas fue gratificante y educativo. Algún día, espero, el enfrentamiento político entre Cuba y Estados Unidos se resolverá y por fin podré mostrarles a mis hijos dónde se originó su familia.

D espués del viaje a Cuba, hice un disco de canciones de Navidad con Big3. Una vez más, grabamos el proyecto en inglés y español. En inglés, se llamó *A Christmas Fiesta*; en español, *Una fiesta navideña*. Incluso mientras trabajaba en esos proyectos para cumplir mi contrato con Big3, en el fondo seguía queriendo armar un álbum pop original en español. Había empezado a escribir canciones en español cuando terminaba mi trabajo como juez en *Latin American Idol*. Estaba reuniendo canciones lentamente, brincando del español al inglés a medida que trabajaba.

Para el final de mi cuarto año en *Idol*, ya no tenía contrato con Big3. Habíamos cumplido nuestro compromiso. Ahora me enfrentaba a otra decisión de vida: ¿estaba finalmente listo para volar completamente solo, sin siquiera la protección de un sello independiente?

La respuesta fue afirmativa. Tenía una excelente relación con Bill y los demás en Big3, pero había llegado el momento de producir mi propio trabajo como artista independiente.

Había comenzado a trabajar con un conocido escritor y productor colombiano, José Gaviria, tras su temporada como juez invitado en *Latin American Idol*. Él y yo provenimos de orígenes similares; Jose había vivido en Miami durante un tiempo y seguía viajando entre Miami y Colombia, donde era juez en un *reality show*; una versión colombiana de *Factor X*. José llevaba años haciendo ese programa y nos conocimos precisamente cuando yo estaba contemplando prescindir de Big3 y escribir nuevas canciones en español.

Para cuando me independicé, mi trabajo con Big3 me había hecho muy consciente de las muchas piezas necesarias para armar un proyecto. Había aprendido mucho sobre organización, financiamiento y subcontratación. Ahora me sentía listo para usar lo que había aprendido para producir mi propio disco.

Había aprendido, por ejemplo, que el costo de producir un disco ha bajado dramáticamente a través de los años. Las nuevas tecnologías significan que ya no es necesario grabar música en un gran estudio si trabajas con la gente correcta. Sabía que podía financiar mi propio proyecto.

Bill nunca había lanzado mi CD de jazz, así que volví a adquirí los derechos. Estaba emocionado. Me pareció el momento perfecto para presentar otra cara de mí mismo. Aún amaba ese álbum por lo que representaba sobre mis raíces como cantante de jazz. Ahora, mientras seguía escribiendo canciones para mi próximo CD en español, decidí seguir adelante y crear mi propio paquete de producción independiente para lanzarlo. Mi tiempo con Big3 me había enseñado que era posible para un artista producir y promover un álbum sin el respaldo de una gran compañía discográfica y que, de hecho, ese camino podría ser preferible en esos tiempos. Para que el proyecto fuera un éxito sólo necesitaba reunir a las personas adecuadas y estar dispuesto a arriesgarme a financiarlo yo mismo.

Durante todo el proceso de lanzar el disco de jazz, *Expressions*, había trabajado con Frank Fiore, un consultor de gestión que conocía en Miami y que era también el director musical de Joel Grey. Con su ayuda, decidí que la mejor forma de lanzar el álbum sería hacerlo totalmente digital y lanzarlo en internet.

Contraté a Michael Caprio como publicista y para que me ayudara a crear una campaña promocional. Quería hacer tantas entrevistas como pudiera en los medios masivos. Esencialmente, pretendía hacer un curso intensivo en medios sociales. Contraté al Grupo Phoenix por recomendación de Frank para ayudarme a armar todo, desde mi sitio Web hasta mi página de Facebook, así como páginas de YouTube y Twitter, que resultó ser la más valiosa de todas. Finalmente, conseguí un *webmaster*, Mark Ansman, que habían creado una página web para mí cuando se convirtió en seguidor de mi música hace veinte años. Paralelo a todos estos pasos, empecé a aprovechar el poder de internet para relacionarme con mis seguidores y sacar mi música al mundo.

Disfruté el proceso de armar la campaña de los medios sociales y pasé casi ocho meses promocionando *Expressions*. Además, decidí diseñar un programa para esta nueva grabación. Pero ahí quedé bloqueado. ¿Qué tipo de programa debía ser? Hasta entonces, mis actuaciones habían sido shows orientados al pop, de gran energía, y ahora tenía ese muy delicado, acústico, orgánico y sensual disco de jazz.

De repente la idea vino a mí, en parte gracias a mi periodo como maestro de ceremonias en la producción de Broadway *Cabaret*: ¡Diseñaría un espectáculo que pudiera hacer en habitaciones tipo cabaret! Esto me permitiría realizar producciones más íntimas y volver a mis días de clubes, que siempre había disfrutado. Estaba emocionado de diseñar un show que recreara para mí la esencia de los íntimos ambientes musicales en los que empecé a trabajar como cantante de club en Miami cuando era estudiante de universidad y de postgrado, una época en que todas mis actuaciones eran con conjuntos pequeños, orgánicos, acústicos. Ahora que tenía muchísima más experiencia como productor y artista, estaba seguro que mis shows serían aún más personales y entretenidos para una variedad de audiencias, haciéndolos en pequeñas habitaciones en un ambiente casual y abierto. El objetivo permanente de mi vida ha sido relacionarme con los oyentes. Y, francamente, la idea de que no tenía que hacer un gran espectáculo pop con computadoras resultaba refrescante; podía limitarme a lo más hermoso, lo esencial de una actuación musical.

Una vez se me ocurrió esta idea, Frank hizo algo por lo que siempre le estaré agradecido: me puso en contacto directo con Joel Grey, pidiéndole que fuera a uno de mis ensayos cuando estaba montando el show para presentar el CD de jazz. Sorprendentemente, Joel accedió a entrenarme y ayudarme a hacer el mejor espectáculo posible.

Joel era un maestro en espectáculos de cabaret, así que esto fue un verdadero honor para mí. En persona, Joel era un encanto. Llegó vestido con pantalones y suéter, luciendo como cualquier hombre mayor de pelo plateado, a pesar del hecho de haber participado en innumerables producciones teatrales y estar haciendo en ese momento un show propio en Nueva York. Me dio un abrazo y dijo, con aire de absoluta sinceridad:

—Estoy aquí para ayudarte, Jon. Hagamos esto. Pongámonos a trabajar.

¡Y vaya si trabajamos! Me guió a través de la estructura del show y cada pieza del material. Fue como tomar un curso intensivo universitario con un actor principal. O, tal vez mejor, me sentí como un niño en la escuela aprendiendo de uno de los artistas más increíblemente talentosos y apasionados en la historia del teatro. Joel inmediatamente me extendió esa cierta camaradería que yo había sentido con otros artistas de Broadway y que viene de dar tanto de sí mismo para el espectáculo y el público que uno renuncia a quien es como persona para rendir homenaje al arte del entretenimiento. Joel estaba totalmente presente, sintiendo mi pasión e interrumpiéndome a intervalos para mostrarme o decirme algo, a veces críticas pero de forma tan cariñosa y entrañable que yo sentía que éramos un equipo armando un rompecabezas.

Siempre he sido el tipo de persona a la que le gusta descomponer lo que le dicen y analizarlo para entender mejor las cosas. Juntos, Joel y yo hicimos exactamente eso con el show. Fue especialmente útil para ayudarme a pensar en cómo el entorno de tocar en salas más pequeñas, íntimas, significaba que tendría una conexión más transparente con el público.

Una de las principales lecciones que aprendí de Joel ese día fue: incluso si algo parece improvisado en el escenario, no debería serlo. Ser un artista profesional requiere pensar en todo con anticipación, diseñar cada palabra, risa y gesto que vas a hacer frente a una audiencia. No puede haber momentos descartables, especialmente en escenarios íntimos. Es necesario prestar atención a los detalles y ensayarlos. Hoy en día, sin importar qué tipo de espectáculo hago, le mezclo un poco de esa intimidad estilo cabaret.

Obviamente, estaba nervioso y preocupado por si podría lograrlo. ¿Quién era yo sin las computadoras, las luces y las grandes bandas detrás de mí? Las primeras veces tuve que luchar para disimular los nervios. Gracias en parte al entrenamiento de Joel, los espectáculos fueron un éxito. Mientras, continué trabajando en mi siguiente proyecto en español a la vez que lidiaba con el hecho de que mi padre, quien siempre había sido mi mentor y apoyo, había caído enfermo. De hecho, había estado enfermo durante mucho tiempo, durante más tiempo y más grave de lo que yo había sospechado.

En 2009, cuando estaba trabajando en el CD de jazz, estaba claro que mi padre no viviría mucho tiempo más. Una vez más, recordé su mensaje: la felicidad nunca es permanente. Justo cuando crees que la vida fluye sin tropiezos, llega otro tsunami.

Mis padres siempre han sido totalmente solidarios conmigo y con mi carrera. En parte, demostraron este apoyo nunca hablándome de nada relacionado con su propia salud porque no querían que me preocupara por ello. Pusieron mi carrera y mi vida al frente de sus propias prioridades.

En el caso de mi padre, cuando me contó que padecía hepatitis C, le restó importancia al diagnóstico a pesar del hecho de que estaba empeorando rápidamente. No había sido consciente de la existencia o la gravedad de esa enfermedad y, por tanto, no se la habían diagnosticado o tratado hasta relativamente tarde.

Mis padres me dijeron que papá tenía hepatitis C alrededor de 2004. Por entonces, mi padre estaba al final de los setenta y había convivido con la enfermedad durante unos veinte años. Sinceramente, en ese momento yo no tenía idea de lo grave que podía llegar a ser la hepatitis C ni lo que podía hacerte si vivías con ella. Por desgracia, esta enfermedad es una asesina silenciosa. Pocas personas saben cómo protegerse contra ella o tienen la conciencia para ser diagnosticadas a tiempo y tratadas efectivamente.

La enfermedad de mi padre progresó rápidamente después de que me contaron que se la habían diagnosticado. Para el momento en que Merck y la American Liver Foundation me contactaron, unos años más tarde, para ser su portavoz y aumentar la conciencia sobre la hepatitis C, mi padre estaba casi ciego por un glaucoma y gravemente enfermo. La hepatitis C, si no se trata durante mucho tiempo, puede hacer que el hígado deje de funcionar; una vez falló el hígado de mi padre, el resto de sus órganos se vieron afectados y su cuerpo comenzó a morir.

La American Liver Foundation quería que participara en su campaña educativa —tal como lo habían hecho Greg Allman y Natalie Cole— para darle un rostro hispano a la enfermedad. Yo no tengo hepatitis C, pero la idea era que trabajara con papá en la campaña. En ese momento, estaba en pleno proceso de lidiar con la enfermedad de mi padre. Se la pasaba en el médico todo el tiempo y estaba teniendo un momento muy difícil con su condición. Al final, estuvo demasiado enfermo para ayudar en la campaña.

Mientras luchaba contra la enfermedad, mi padre se mantuvo muy fuerte y consciente espiritualmente, especialmente cuando me hablaba de cualquier cosa y de todo, desde Dios hasta mi familia y mi carrera. Nunca olvidaré sus últimos días y lo que me dijo.

La demencia puede ser un efecto secundario importante de la insuficiencia hepática a ese nivel y la mente de mi padre estaba decayendo. Sin embargo, cuando lo visitaba en momentos de aguda conciencia, a menudo hacía referencias espirituales. Incluso durante sus últimos días en un hospital, disfrutaba hablándome de la espiritualidad. Me dejó claro que yo necesitaba alimentar mi fuerza espiritual más que nunca, ahora que tenía responsabilidades como esposo y padre. Mi padre quería asegurarse de que yo estaba bien y que estaba lo suficientemente fuerte espiritualmente para asumir como líder de la familia que viviría de acuerdo a mis principios y valores.

Finalmente, me di cuenta de que mi padre se aferraba a la vida porque quería desesperadamente seguir apoyándome.

—Todo va a estar bien —le dije—. Yo voy a estar bien. Estoy listo para asumir el control. ¿Y tú? ¿Estás bien? ¿Estás listo para irte?

Y las últimas palabras de mi padre fueron:

—Sí, estoy listo.

Le había dado mi permiso a mi padre para dejar ir la vida en la tierra y seguir adelante. Murió poco después de eso, el 31 de octubre de 2011.

Salí del hospital y regresé a casa totalmente destrozado, pero no les conté a mis hijos acerca de la muerte de mi padre en ese momento porque era Halloween, una fiesta que amaban más que ninguna otra. Quería protegerlos de la confusión de mis propias emociones en vez de arruinar su día especial, tal como mis padres siempre hicieron conmigo. Esa noche, hice lo que pude para ocultar mis sentimientos frente a los niños. Al día siguiente, les hablé de la muerte de su abuelo, manteniéndome bajo control mientras lo hacía en lugar de descomponerme. Era otra forma en la que podía honrar la memoria del hombre que había sacrificado todo para darme una buena vida y cuyas palabras de sabiduría llevo conmigo dondequiera que vaya.

Más que cualquier otro estribillo, me gusta pensar en las letras que usé en "I'm Free", las palabras que tomé de mi padre sobre "un arco iris brillando sobre nosotros en medio de una tormenta sin esperanza", y cómo soy libre porque "las cosas son sólo tan importantes como yo quiera". Fue un hombre sabio, mi padre. Tuve la suerte de ser su hijo y, aún ahora, siento su amor como un arco iris sobre mí.

A veces, tu actuación como artista es exaltada durante los momentos de cambio en la vida, cuando uno experimenta una cierta sinergia entre lo que está viviendo personalmente y lo que está haciendo profesionalmente frente a una audiencia. El día después de que enterramos a mi padre fue uno de esos momentos.

Tenía una presentación prevista aquí en Miami, en Miami Dade College, acordada mucho antes de que supiera que mi padre iba a morir. Podría haberle pedido a los directores que cancelaran el espectáculo, pero sabía que mi padre no hubiera querido que lo hiciera. A pesar de mi profundo dolor, decidí cantar como una manera de honrar su vida.

Nunca olvidaré ese show en especial, porque me llevó de regreso a lo que soy en relación con mi conexión espiritual con mi padre. Esa actuación fue reflexiva; al principio pensé que no iba a sobrevivir la noche pero estuve a la altura de la ocasión y puse todo lo que hay en mi historia como artista, el equilibrio entre mi carácter y carrera.

Fue un espectáculo maravilloso, pero también emocional. En un momento la emoción me tuvo al borde de las lágrimas, pero el público sabían lo que estaba pasando y yo podía sentir su increíble apoyo. Mi música, junto con la energía del público, me llevó a través de ese océano de dolor y me dejó sano y salvo en la orilla. En memoria de mi padre, fui capaz de hacer lo que amo hacer, expresando en el canto todo mi corazón.

CAPÍTULO VEINTITRÉS
La alegría está en el camino

Mi experiencia como juez en *Latin American Idol* me llevó a participar en otros *realities*. Algunas de esas experiencias fueron positivas, pero otras no tanto; aprendí mucho de todas ellas. De hecho, probablemente aprendí más de los errores que cometí que de los shows que salieron bien, porque sólo cometiendo errores —y descubriendo cómo recuperarse de ellos— podemos poner a prueba nuestra flexibilidad y resistencia como artista y como persona.

Uno de los espectáculos, *Divas*, se realizaba en Perú. Era un concurso de canto sólo para artistas femeninas y disfruté de unos pocos meses como juez invitado. También me uní a *Yo Soy*, un *reality* en Chile. Una vez más, me encantaba tener la oportunidad de aconsejar a los jóvenes cantantes y escuchar canciones pop que no había tenido la oportunidad de escuchar en Estados Unidos.

Una experiencia mucho menos agradable fue mi paso como competidor en la primera temporada de *Mira quién baila*, la versión latina de *Dancing with the Stars*. Mario Ruiz, un querido amigo y director artístico de Univision, me invitó al show. Él y yo nos conocíamos hacía muchos años, porque él estuvo con EMI; fui la primera persona en que pensó Mario cuando lanzaron el programa en septiembre de 2010.

Mira quién baila comenzó con un gran índice de audiencia y fue un éxito inmediato para Univision. Me encantaba participar en el show porque aprendía mucho. Sin embargo, pocas veces he estado tan ansioso como lo estuve mientras competí en ese programa cada semana. No soy bailarín de profesión pero, obviamente, en mi mundo perfeccionista quería hacerlo lo mejor posible.

Cada semana era un reto, ya que tenía que asumir una nueva actitud y aprender un baile diferente. Quería hacerle justicia a los bailes y a mi compañera, porque respeto mucho a los bailarines. La danza es un arte que requiere dedicación completa. Es una hermosa expresión artística de la emoción, que combina música y movimiento.

Me estaba yendo bastante bien en el programa —creo que era uno de los cuatro o cinco concursantes finalistas— cuando tuve un accidente distinto a cualquier cosa que hubiera sucedido en el show, ni antes ni después. Como lo había hecho un millón de veces en los ensayos antes del programa, tomé a mi compañera y le levanté sobre mi hombro desde el piso. Se suponía que, al final del movimiento, ella debía aterrizar en mi muslo.

Por desgracia, mi compañera aterrizó en mi rodilla en lugar de mi muslo. Recibí todo su peso sobre mi rodilla y la sentí explotar. El dolor fue terrible; me rompí el ligamento cruzado anterior y el ligamento lateral interno y dejé caer a mi pobre compañera, quien cayó de espaldas y se golpeó la cabeza en el piso.

Mi instinto, a pesar de que estaba postrado en el piso, fue tratar de levantarme y por lo menos crear la fantasía de que estaba bien. Pero no era así. Mi rodilla izquierda estaba tan malherida que tuvieron que sacarme del estudio en ambulancia y dejar el espectáculo. A mi compañera la sometieron a exámenes de la cabeza, pero afortunadamente estaba bien.

Puesto que el espectáculo era tan popular, el accidente fue reproducido en la televisión una y otra vez. Me sentí mortificado. Sin embargo, no recibí sino amor y preocupación de parte de mis seguidores hispanos. La primera cosa que decían todos, era:

—¿Cómo está tu rodilla?

Quedé muy agradecido cuando los médicos me dijeron que sanaría físicamente con la terapia adecuada, pero fue más difícil curar mi ego herido. Mari estaba en el estudio de televisión viendo el show cuando me caí, y mi hija también había estado viéndome y alentándome. Me sentí terrible y muy avergonzado por decepcionarlas.

Mi siguiente pensamiento, por supuesto, fue cómo acelerar mi recuperación. Buscaba volver a mis pies lo más rápidamente posible, no es un juego de palabras. Quería poner el accidente tras de mí y seguir adelante. El secreto del éxito para cualquier artista es tomar las situaciones que no están bajo su control y aprovecharlas al máximo. Hay que dejar de lado el ego y capitalizar lo que sea que está sucediendo en tu carrera. Me dije a mí mismo: "Yo soy mejor que esta lesión", y seguí adelante.

No perdí el ritmo. La terapia física se volvió parte de mi rutina de ejercicios diaria, de manera que pudiera regresar al escenario más fuerte que nunca. Tenía un importante espectáculo en el Magic City Casino y estaba decidido a estar listo para él. Lo hice con un aparato ortopédico en la rodilla, pero lo hice. ¡El show debe continuar y yo me aseguré de que así fuera!

Para el año 2010, había terminado mi compromiso con Big3, lanzado mi disco de jazz y me había sumergido en los medios sociales. Me había demostrado a mí mismo, así como a los demás, que definitivamente tenía todas las piezas que necesitaba para realizar proyectos discográficos independientemente. Y, durante años, había estado recogiendo canciones en español. Ahora, por fin, estaba listo para producir mi primer álbum en español, *Otra vez*.

Había decidido tener un socio de producción para compartir tanto el trabajo involucrado en el proyecto como la financiación. Podría haber contratado a una empresa de gestión para trabajar en mi nombre y vender mi producto y carrera a un sello grande, pero cuando pesé mi ambición contra lo que más me importa en la vida —mi familia—, me di cuenta de que hacerlo así inclinaría la balanza de manera que tendría que hacer sacrificios en mi vida personal, sacrificios que simplemente no quería hacer.

En cambio, resolví gestionar mi propia carrera. Podía estar tan ocupado como quisiera y hacer las cosas por elección. Lo importante sería que, a partir de entonces, tendría las riendas de mi propio futuro.

Siempre es bueno estar en buenos términos con la gente con que uno trabaja en el negocio de la música, porque las cosas tienden a ser circulares. Ahora, decidí crear una sociedad con alguien a quien había conocido veinte años antes, Hans Reinisch. Hans era un ex ejecutivo de EMI, así que pensé que sería la combinación perfecta de alguien que conocía mi historia y la situación de la industria musical.

Juntos organizamos una estrategia para producir y promover *Otra vez*. Nuestra asociación duró un par de años, para efectos de ese disco y algunos otros escenarios de comercialización en los que trabajamos. Era una sociedad arriesgada en el sentido de que yo nunca había hecho algo así antes, así que sería una enorme curva de aprendizaje para mí, al asumir todo —desde la producción hasta la comercialización— y tratar de averiguar cuáles piezas del rompecabezas de producción podría manejar yo mismo y cuáles tareas realmente debíamos subcontratar, aunque fueran costosas. Esta también fue mi primera incursión en el uso de los medios sociales como herramienta de mercadeo.

Lo interesante de ser un artista independiente es que hay una gran libertad para pensar y eso es genial. Pero también tienes que asumir toda la responsabilidad financiera, lo cual puede provocar ansiedad. Nunca puedes arriesgar más de lo que puedes permitirte perder. Yo había visto la forma en que algunos álbumes podían desplomarse. Eso podría sucederme otra vez. Al mismo tiempo, también sabía que estaba realmente preparado para empezar un nuevo día como artista independiente, y necesitaba tener fe en mis propias habilidades.

Trabajar con Hans era como una versión reducida de trabajar con Big3, pero nuestras estrategias básicas eran muy similares. Pusimos el álbum en iTunes usando nuestro propio sello de distribución, contratamos una empresa de publicidad para ayudar con la promoción, y recurrimos a un promotor de radio para introducir mis canciones en la radio en español.

Para mi alivio, el proyecto fue un gran éxito. *Otra vez* fue distribuido aquí y en casi toda América Latina. Todavía recibo regalías de los diferentes países donde negociamos acuerdos y aprendí que hay recompensas inmediatas si tienes éxito como artista independiente. Aunque, obviamente, el proceso era más fácil para mí puesto que yo ya era un artista establecido, me pareció educativo y esclarecedor ver que si uno sabe cómo organizar una campaña de marketing y subcontratación, es posible alcanzar el éxito con un álbum. Las canciones tuvieron suficiente cobertura radial para darme cuenta de que quería seguir trabajando como artista independiente.

Mi carrera ha llegado a un punto donde todo está entrelazado. Producir *Otra vez* me llevó a viajar y experimentar una nueva racha de atención como artista. También comencé a explorar otras espacios artísticos como artista independiente. Por ejemplo, hice una gran alianza con el Magic City Casino aquí en Miami, donde abrí mi propio salón. Me sentí muy halagado por esta oportunidad, ya que es un gran casino en el centro de Miami; me contactaron sabiendo que era un niño local que había crecido hasta convertirse en un exitoso artista.

Trabajar con el casino ha sido fantástico. Consulto a la gerencia para contratar talentos para eventos y conciertos, y también hago mis propios conciertos allí. Para nuestra inauguración, me entusiasmó trabajar con Olivia Newton-John y cantar canciones de *Grease*, un espectáculo musical que ambos habíamos hecho antes y seguíamos amando. Olivia es una gran artista y una estrella en todos los sentidos de la palabra. Yo había hecho con ella un par de eventos de caridad para su fundación, así que fue muy amable y aceptó mi propuesta de cantar en mi nuevo bar en el casino.

La clave para construir una carrera de por vida en el negocio del entretenimiento sigue siendo la misma de siempre: mantener los ojos abiertos a nuevas oportunidades, cultivar a las amistades, no temer asumir riesgos y recordar contar las bendiciones y dar gracias al final del día.

Mi desarrollo como artista continúa siendo paralelo a mi crecimiento emocional como hombre. Como la industria musical, el matrimonio y la paternidad cambian día a día, incluso minuto a minuto.

Tras la muerte de mi padre, mi madre nos sorprendió a todos haciéndose cargo de las tareas de administración de las propiedades en las que ella le había ayudado a invertir a través de los años, demostrando su energía vibrante y su visión para los negocios. Sigue siendo tan tenaz y obstinada como siempre. Si a mamá no le gusta algo que estoy haciendo, me lo hace saber.

Mari también. A medida que nuestros hijos se hacen adolescentes y vemos el desarrollo de sus personalidades, nos damos cuenta de que tienen el mismo espíritu y pasión que nosotros. Mi hijo es una combinación de la familia de Mari y mi madre, mientras mi hija definitivamente está mostrando rasgos de personalidad que Mari y yo compartimos, incluyendo el amor por el arte.

En la vida familiar, como en la música, sigo intentando ser un mejor comunicador. Tan sólo el otro día, Mari y yo tuvimos un desacuerdo cuando llegué a casa y la encontré trabada en una discusión furiosa con nuestra hija por su uso de la computadora y el teléfono celular. Mari tiende a imponer una disciplina estricta y su personalidad es muy beligerante, incluso un poco militante, mientras que yo aún tengo esa tendencia a ser demasiado relajado, dejando que las cosas sucedan en lugar de establecer leyes.

En este caso, la discusión llegó a ser realmente acalorada, discutiendo sobre lo que era mejor al establecer las reglas de uso de los medios sociales para nuestra hija, quien ya está en la escuela secundaria.

—Escucha, ¿podemos hablar de esto tú y yo solos durante un minuto? —le pregunté a Mari, porque hemos intentado evitar discutir frente a los niños, un vestigio de mi juventud, en la que odié ver pelear a mis padres.

En el dormitorio, comencé a hablar calmadamente, pero las cosas se calentaron y acabé furioso. Aún así, la persona que consigue eso más rápidamente que nadie es mi esposa; acabo discutiendo tan ferozmente como ella. Esta última vez, la conversación degeneró hasta el punto en que ambos gritábamos a voz en cuello. Cuando grito, empiezo a respirar tan fuertemente que es como hacer ejercicio en el gimnasio.

Cuando Mari me oyó gritar, repentinamente dejó de discutir y rompió a llorar. Lloró como nunca la había visto llorar.

—Quizás estoy fallando en esto —dijo.

La tomé en mis brazos.

—No es así —le aseguré—. Eres una excelente madre. Lo haces bien y yo también. Nuestra familia es una buena familia.

Le dolió verme perder los estribos y a mí verla así porque normalmente tiene un fuerte sentido de sí misma.

Al final del día, sin embargo, recuperar y reconstruir la relación después de una discusión, como volver a crearte a ti mismo después de trastornos en la industria musical, te hace más fuerte, más resistente y más decidido a hacerlo mejor la próxima vez. Mari ha sido una verdadera compañera, compartiendo la pasión y los desafíos de cada aspecto de mi vida personal y profesional.

La esencia de ser un artista exitoso es dejar que tus instintos se apoderen de ti y te lleven de regreso a tu origen. En mi caso, partí de la nada y me alegro de que así haya sido. Mi núcleo interno de confianza proviene de una arraigada mentalidad de inmigrante que está abierta a aceptar el cambio y un sinfín de oportunidades, al igual que mi padre, quien siempre miraba hacia adelante a pesar de tener que hacer dolorosos sacrificios, como estar lejos de su familia, para que pudiéramos tener una vida mejor.

La gente como mis padres, Mari y los Estefan, me ha mostrado que no hay tiempo para enfurruñarse cuando las cosas no salen bien. Cultive sus relaciones, levántese si se cae y disfrute del viaje. Aunque tuviera que abrir una cafetería y hacer café cubano para pagar las cuentas, al final del día aún disfrutaría de escribir canciones y cantarlas.

EPÍLOGO

El mundo de la música es pequeño. Siempre he tratado de hacer negocios de una manera que me permita seguir construyendo relaciones en lugar de quemar puentes. Es importante para mí poder recurrir a los últimos veinte años para trabajar con gente que he conocido en el pasado. Nunca se sabe cuándo podría ser útil llamar a un amigo o colega.

Ahora, por ejemplo, estoy de regreso en el estudio con mi viejo amigo Rudy Pérez, trabajando en nuevas canciones en español e inglés, y colaborando en proyectos especiales. Juntos también hemos llevado a cabo talleres para jóvenes talentos, con la esperanza de inspirar y desarrollar jóvenes artistas.

Ha sido un placer volver a estar con Rudy. Siempre me hace feliz sentarme y lanzar nuevas ideas y proyectos, incluyendo canciones que pasarán a formar parte de mi repertorio. Todo es un trabajo en progreso y un proyecto siempre lleva a otro. Mientras tanto, sigo en contacto con Emilio y Gloria Estefan, y mi viejo amigo de la escuela secundaria, Miguel Morejón, me llamó recientemente para decirme:

—Jon, ha pasado mucho tiempo desde que nos sentamos y trabajamos como solíamos hacerlo. ¿Quieres intentarlo otra vez?

Claro que quiero, así que Miguel y yo hemos aunado esfuerzos, escribiendo y produciendo canciones que podemos venderle a los muchos jóvenes y talentosos artistas que recurren a nosotros buscando nuevo material.

También he empezado a trabajar en un emocionante espectáculo nuevo con Big3 y Bill Edwards. Estoy muy emocionado de hacer equipo con Kenny Ortega en este proyecto. Va a ser un show con un ritmo étnico, que representa mi carrera híbrida como hispano-americano, realizado en inglés y español. Habrá una línea argumental y grandes efectos visuales —en otras palabras, todo eso de lo que he hablado en este libro, pero en forma de historia.

Y ¿qué es mi historia, al final del día? Es la de un orgulloso músico de la clase trabajadora de Miami que ama entretener.

Cuando miro atrás en mi carrera, no cambiaría nada. Me encantan las relaciones que he tenido y sigo teniendo. Todo lo que he hecho —incluso los errores que cometí en el camino y los cambios en la industria de la música que llevaron al hundimiento de mi carrera en SBK— me trajo a este punto en mi vida, a ser bendecido y productivo, amante y amado. Sigo tan comprometido a hacer buena música como siempre, y la música que hago es un reflejo de en qué me he convertido como artista y, más importante, como hombre. Aunque he aprendido mucho, sigo aprendiendo y asumiendo nuevos riesgos, sabiendo que eso es parte de la continua evolución como persona y artista.

Soy un apasionado de las cosas que realmente me importan, mi familia en primer lugar. La muerte de mi padre lo trajo a la luz, junto con mi nuevo voto de permanecer consciente espiritualmente y vivir según los valores que espero que mis propios hijos defiendan, junto a los artistas jóvenes cuyas vidas podría influenciar.

Ya sea que esté actuando en el escenario o hablando con alguien cara a cara, estoy decidido a ser transparente, a vivir en el presente y tan honestamente como pueda respecto a quién soy como artista, padre, esposo y persona. Especialmente en los últimos años, los filtros han desaparecido y me parece perfecto. En este punto en mi carrera, agradezco a Dios y a mi familia y amigos por mi éxito, y más que eso, por las oportunidades que he tenido de reinventarme, de recrear mi carrera como artista en muchas formas y de seguir compartiendo mi amor por la música con el mundo. Me levanto cada mañana sabiendo que es un nuevo día, uno en el que acogeré emocionado todo lo que estoy aprendiendo para mantenerme apasionado y relevante como intérprete, mientras le rindo homenaje a mi familia y a la música que amo.

Quienquiera que seas y cualquiera que sea tu pasión, espero que encuentres la sabiduría, la fuerza y la resistencia para cada día nuevo.

AGRADECIMIENTOS

El resultado final en todo lo que este libro significa para mí ha sido una experiencia iluminadora, educacional y de humildad. Tuve la bendición de tener la oportunidad de trabajar con una compañía y un equipo de profesionales que me guiaron para que mi visión saliera a la luz.

Gracias, Jennifer Diliz por tu compromiso para hacer realidad este proyecto.

Gracias a mi familia Celebra/Penguin Group: Ray Garcia: desde nuestro primer encuentro, verdaderamente compartiste mi pasión y entendiste lo que todos queríamos que representara este libro. Kim Suarez: la profundidad de tu curiosidad fue un ingrediente oportuno que hizo una gran diferencia en el carácter emocional de mi historia. ¡Muchas gracias a ambos! También, muchas gracias a los equipos editoriales y de producción por su atención al detalle y por mantener andando el cronograma del libro.

Gracias, Omar Cruz. No tardó nada tu ojo en captar el sentimiento de mi libro en imagen. Gracias, Elvis Sánchez, mi viejo amigo y estilista, y Maria Laura Carrizo por mi maquillaje.

Mari Secada: con los años, continúas siendo una parte integral de tantos detalles en el proceso organizativo de todos los proyectos que asumo. Gracias una vez más, cariño.

Holly Robinson: para mí, haber trabajado contigo siempre será uno de los viajes más gratificantes e importantes de mi carrera. Tu talento, conocimiento, sensibilidad y ética de trabajo son el hilo y aguja de este libro. Gracias, amiga.